献　礼

中国共产党成立100周年

中国考古学诞生100周年

考古贵州之图录系列

贵州省文物考古研究所
贵州省博物馆 编著

貴州考古

出土文物精粹

科学出版社
北京

图书在版编目（CIP）数据

贵州考古出土文物精粹 / 贵州省文物考古研究所，贵州省博物馆编著. —北京：科学出版社，2021.12
（考古贵州之图录系列）
ISBN 978-7-03-071080-2

Ⅰ. ①贵…　Ⅱ. ①贵…②贵…　Ⅲ. ①出土文物－贵州－图录　Ⅳ. ①K873.73

中国版本图书馆CIP数据核字（2021）第269104号

责任编辑：柴丽丽 / 责任校对：邹慧卿
责任印制：肖　兴 / 书籍设计：北京美光设计制版有限公司

科学出版社 出版
北京东黄城根北街16号
邮政编码：100717
http://www.sciencep.com

北京华联印刷有限公司 印刷
科学出版社发行　各地新华书店经销

*

2021年12月第　一　版　开本：889×1194　1/16
2021年12月第一次印刷　印张：21 1/2
字数：387 000

定价：328.00 元

（如有印装质量问题，我社负责调换）

编辑委员会

前　言

以黔地文物精粹，献中国“双百”华章

2021 年，是中国历史进程中值得隆重庆祝的一年，中国共产党自 1921 年成立，走过了 100 周年历程。2021 年，在中国考古学史上，也是值得隆重庆祝的一年，中国仰韶文化发现和中国现代考古学诞生也 100 周年。为庆祝两个“百年”盛事，我们决定对贵州考古出土文物进行梳理，编辑出版《贵州考古出土文物精粹》一书。

贵州考古开始于 1953 年。1953 年 1 月，根据西南区文化行政会议“关于调整本区各省人民科学馆的决定”精神，贵州省人民政府决定将“贵州省人民科学馆”改组成立贵州省博物馆筹备委员会（隶属省文化局），2 月，更名为贵州省博物馆筹备处，下设清理发掘组，负责全省地下文物的征集、调查、发掘和研究工作。1953 ～ 1954 年，先后在黔北地区发现包括杨粲墓在内的几处宋墓，1954 年初，为配合羊昌河水利灌溉工程建设，在清镇县和平坝县境内开展的考古调查和发掘工作拉开了贵州田野考古工作的序幕。筚路蓝缕，贵州的考古工作至今已走过近 70 年历程，成果丰硕。我们选取以下代表各个时期基本文化面貌的精美出土文物汇编成册，以飨读者。

旧石器时代文物 54 件，分石制品、人化石两类。出土于旧石器时代早期的黔西观音洞和盘县大洞、旧石器时代中期的水城硝灰洞和桐梓岩灰洞以及旧石器时代晚期的毕节海子街大洞、兴义猫猫洞、普定穿洞、贵安新区招果洞等遗址。贵州因发达的喀斯特地貌，广泛分布的洞穴是古人类栖息的家园，目前已发现史前洞穴遗址 500 余处，其中能确认属旧石器时代的遗址或地点约 100 处。出土物除丰富的打制石器、打制骨角器外，还有大量的哺乳动物化石和人类化石遗物，并清理出灰堆、火塘、活动面、石器加工场等各种人类活动遗迹，年代距今 30 万～ 1 万年左右，时代跨旧石器时代早、中、晚三期，基本可建立起贵州旧石器时代考古的年代框架。石器打制技术，有着临近区域间的相似性和早晚继承关系，体现出贵州早期人类文化的独特性以及人群间的文化交流。属于早期智人到晚期智人阶段的牙齿、头骨等人类化石的出土，为贵州远古人类起源、早期人类迁徙及体质进化研究提供了重要物证。

新石器时代文物 41 件，包括骨角牙器、石器、陶器。出土于安龙观音洞、普定白岩脚洞、普定穿洞、贵阳观山湖区肖家洞、贵安新区招果洞、贵安新区牛坡洞、天柱漆树脚、天柱

盘塘、习水黄金湾等遗址。磨制技术的出现是人类迈入新石器时代的标志之一，该时期出土器物以磨制骨角器和石器为主，器物表面光滑圆润，并开始出现陶器。该时期遗址分布有两个主要特点：一是分布于洞穴遗址上层，叠压于旧石器时代文化层之上。大量骨锥、骨针、骨铲以及石斧、石雕刻器的出现，说明既有传统渔猎、采集生活方式的延续，又有精细化作业的发展。目前发现的黔中地区洞穴遗址典型的旧、新石器时代文化层叠压的现象，对于解决旧、新时代过渡时期的相关学术问题具有重要意义，甚至在新石器时代文化层之上还发现有商周时期文化层，说明贵州先民对洞穴有着长期的依赖性。二是广泛分布于北盘江、清水江、锦江、乌江、赤水河、牛栏江等江河干流及其支流的台地遗址，出土器物以石器和陶器为主。说明贵州先民在新石器时代开始形成别于穴居而沿江河“逐水而居”的生存方式，这些遗址群具有沿江河台地线状分布、规模小的特点，但文化面貌有沿同一河流分布的一致性和河流间的差异性等特征，为贵州文化多样性和族群大杂居小聚居格局的形成奠定了基础。

商周时期文物37件（组），包括骨器、石器、陶器、青铜器和玉器。出土于毕节马场遗址、毕节瓦窑遗址、威宁鸡公山遗址、威宁吴家大坪遗址、天柱江东溪口遗址、黄平镰刀湾遗址、铜仁方田坝遗址、铜仁旋水湾遗址、习水福禄台遗址。这些遗址，均分布于沿牛栏江、乌江、赤水河、锦江、清水江和北盘江干、支流两岸台地，且几乎都叠压在新石器时代文化层之上，分布区域与目前发现的新石器时代遗存几乎重合，说明文化有着连续性。该时期遗址的规模较新石器时代拓展不大，也许是受交通不畅、地形狭窄、土壤贫瘠等自然条件制约，提高生产力水平和改善生产方式受限，导致经济不发达，从而影响了文化交流和文明发展的速度。近些年发现广布于黔中地区的洞穴遗址，也往往在新石器时代文化层上覆盖有商周时期文化层，如以贵安新区招果洞和牛坡洞为代表的洞穴遗址群，说明该区域人群穴居生活的稳定性。相对闭塞的稳定和传承，为族群文化特征的形成和区域性分布提供了土壤。

战国至西汉前期文物79件（套），包括青铜器、铁器、玉石器、陶器、木器、骨器。出土于威宁中水、赫章可乐、普安铜鼓山、安龙龙广、正安杨兴、松桃木树等地。随着生产力的发展，这个时期族群文化的独特性也越来越得到彰显，“夜郎”族群脱颖而出，并发展成“夜郎国”，“西南夷君长以什数，夜郎最大”被司马迁写入《史记·西南夷列传》。夜郎文化是一支有着独特地域特征又不乏周边文化元素的文化，一直延续到西汉中晚期。此时期的器物是研究当时的丧葬习俗、祭祀、生产、生活乃至战争等的重要资料。

西汉前期至东汉时期文物106件（套），包括陶器、青铜器、铁器、琉璃器、漆木器。出土于安顺宁谷、七眼桥，清镇芦荻哨、琊陇坝，平坝马场、夏云，务川大坪、镇南，道真忠信团堡，习水黄金湾，赤水文华，赫章可乐，毕节双树湾，黔西罗布垮、甘棠、火电厂，兴义交乐、万屯、顶效，六盘水黄土坡等地。务川大坪发现的汉代早期遗存，说明该区域至迟在汉代早期已经有汉文化的流入，结合该地朱砂矿至迟在汉代就开始开采的考古认知，说明汉代早期汉文化流入今贵州地区的原因并非政治力量介入而是开采该地丰富的朱砂矿。从西汉中期汉武帝开发西南边疆开始，汉文化随汉移民大势流入贵州，在以上地区发现大量汉式遗存，土著文化元素大幅减少，说明汉中央势力的强力推进和汉夷经济力量的悬殊。局部地区如赫章可乐、兴义万屯等地呈现出典型的汉夷并存格局，体现出文化多样性特征，生动体现了西南边疆纳入中央一体化管理的进程和汉夷文化的交融。汉式遗存发现的地域，要么地处交通要道，如依托赤水河的水路交通和经宜宾南下途径毕节地区的南夷道等；要么是汉中央对边疆管理的重镇即郡、县所在地，如安顺宁谷“长乐未央”瓦当的发现，为寻找牂牁郡址所在地提供了线索，赫章可乐出土的“建始”等纪年铭文大型瓦当，或许与汉阳县有关联。兴义交乐和万屯大量汉墓群及其出土精美器物和“巴郡守丞”铜印等的发现，也是此地可能是行政管理中心所在的物证。

两晋南朝时期文物 46 件（套），包括瓷器、陶器、青铜器、铁器、金银器、琥珀玛瑙水晶等。出土于平坝马场万人坟、熊家坡、大松山、刘家村，夏云尹关，安顺宁谷，镇宁田脚脚，清镇芦荻荻等地。目前贵州发现的两晋南朝时期遗存主要集中分布在平坝马场及其周边区域，特别是马场镇周围的几处丘陵地带密集分布着该时期墓葬群，出土了系列精美文物，与国内同时期器物在质地、器形上有着共同特征，说明仍然以汉文化为主流。该时期遗存鲜见于贵州其他地区而在黔中地区密集分布，是贵州该时期遗存的一个最突出现象。黔中地区，是贵州汉式遗存分布的一个重点区域，两晋南朝时期遗存与汉代遗存分布区域几乎重叠，说明汉文化在此地的持续性发展，这也是该地区或许是行政、交通、经济中心的有力证明。而贵州其他汉式遗存分布区域未有或仅有两晋南朝时期遗存的零星发现，说明其行政或经济功能的衰退，反映了中央对该地区直接管理力量的削减。

唐时期文物 7 件（组），包括陶器、青铜器、金银器等。均出土于平坝马场镇附近的熊家坡和大松山两地。这也是目前贵州唐时期墓葬的仅有发现。出土的铜镜、金戒指、银条脱等，有着国内同时期同类器物的共性特征，也体现了该地区汉文化的延续或不同区域之间文化的交流。从汉代中期开始的汉文化遗存在贵州的广泛分布到两晋南朝时期的减弱到唐时期的衰退，均体现出中央对西南边疆地区管理力量的减弱，而从秦汉时期即开始的羁縻之治在边疆地区继续发挥着主要作用，并逐渐成熟发展成一种管理制度——羁縻制度。贵州黔中地区自两晋南朝至唐时期遗存的集中发现，或说明该区域即是在这样的羁縻制度管理下的一个行政中心和有着地方大族势力的存在。

宋至清时期文物 106 件（套），包括陶器、瓷器、青铜器、金银玉器、纺织品及石质文物等。出土于遵义新舟、新蒲、高坪、深溪、团溪，桐梓夜郎，盘县象鼻岭，麻江谷峒，平坝棺材洞，纳雍大坟山等地。这一时期文物有三个主要特征：羁縻土司制度遗存、民族文化元素、文化多样性。羁縻制度助长了地方家族势力，社会稳定和经济发展也因此成为这一制度的双赢效果。播州杨氏、思州田氏、水东宋氏和水西安氏等逐渐发展成贵州实力最大的四个受命中央世袭统治地方的羁縻家族，元明时期过渡为土司家族，后被称为贵州“四大土司”。目前发现的土司遗存以播州杨氏最具代表性和典型性，通过对从白锦堡到穆家川的司治变迁、以海龙囤为核心的军事防御关囤网络体系、6 处土司专属墓地逐渐演进的丧葬制度和习俗以及生动体现了土司经济形态的田庄等的梳理，几乎可以立体复原播州社会全貌。奢华的金银玉器、精致的瓷器、栩栩如生的陶俑、气势不凡的建筑构件、古朴的铜器以及线条流畅、圆润的石刻等，是幸存落盘之珠，依稀可见土司家族生活。平坝棺材洞出土的宋代蜡染百褶裙，纹样以铜鼓上的翔鹭纹为主，兼具挑花、刺绣、蜡染三种技艺，是研究服饰蜡染、刺绣、挑花等技艺的宝贵资料。洞葬，是分布在贵阳、安顺、黔西南和黔南等地的苗、徭民族使用的一种丧葬形式，最早或可追溯至唐代，明清时期最为丰富，部分地方现在仍在沿用，是研究族群文化的重要资料。纳雍发现的一批明清时期石板墓，出土了衣扣、耳环、插针、抹额、衣片等银质饰件，具有浓郁的土著特征。这种石板墓系用薄石板砌筑墓室，墓葬规模小，主要分布在黔中、黔西和黔西南地区，最早可追溯到汉代，以土著元素为主，也有汉文化元素，体现了汉夷文化的交流和融合。

自旧石器时代到清，贵州人类的足迹走过了 30 余万年的历程，各个时期均留下了或多或少的文化遗存，体现了贵州人认识自然、战胜自然的能力及对文化的创造力。山地的崎岖地貌阻挡了文化的交流，使得区域族群文化各自封闭传承，从而形成民族文化的独特性和丰富性。贵州因地处中国西南腹地，自古即包容和吸纳着周边的文化，使其成为文化荟萃之地，文化多样。因贵州地处中国西南边疆，自汉代开始即是中央边疆管理措施和制度的实施地，于是留下了诸多制度性遗存，见证了边疆民族地区纳入中央一体化管理的全过程。以贵州一地，从考古学的角度，对中国一体多元文化做出了生动阐释。

周必素

2021 年 11 月 29 日

目　录

旧石器时代

貴州

旧石器时代

石制品

石片

旧石器时代早期
长6.3、宽6.2、厚1.2厘米
1964年黔西观音洞遗址出土（编号P15002），现藏于中国科学院古脊椎动物与古人类研究所。
燧石。台面为修理台面，尺寸为3.2厘米 × 1.3厘米。石片背面有3个主要片疤，没有保留石皮。

石片

旧石器时代早期

长6.5、宽5.2、厚1.7厘米

1964年黔西观音洞遗址出土（编号P15951），现藏于中国科学院古脊椎动物与古人类研究所。

燧石。石片背面有4个主要片疤，其方向有同向和侧向。石片剥片较成功，末端形态为羽状。

石片

旧石器时代早期

长3.9、宽3.2、厚1.1厘米

1964年黔西观音洞遗址出土（编号P3955），现藏于中国科学院古脊椎动物与古人类研究所。

燧石。台面为素台面，尺寸为3.1厘米×1.1厘米。石片背面有4个主要片疤，方向有同向的，也有左右两侧垂直方向，远端微卷。

石片

旧石器时代早期

长5、宽4.1、厚1.8厘米

1964年黔西观音洞遗址出土（编号P15638），现藏于中国科学院古脊椎动物与古人类研究所。

燧石。台面为素台面，尺寸为2.4厘米×0.4厘米。石片背面有5个主要片疤，没有保留石皮，背面片疤方向主要为聚汇方向。石片远端为羽状。

石片

旧石器时代早期

长12、宽4、厚1.5厘米

1993年盘县大洞遗址出土（编号PD93：1229），现藏于中国科学院古脊椎动物与古人类研究所。

石灰岩。体型较大，台面有一定修理，台面尺寸为4.8厘米×4.2厘米，打击点、打击泡明显。背部有两个同方向片疤，左侧边缘破损，疑为使用痕迹。

石片

旧石器时代中期

长6.7、宽7.3、厚0.2厘米

1981年水城硝灰洞遗址出土（编号GSX.P043），现藏于贵州省博物馆。

变质灰岩。外形不规则。零台面，打击点部位凹缺，腹面打击泡清晰可见，背面保存着原来的砾石面。

石片

旧石器时代中期

长8.7、宽7.1、厚1.9厘米

1973年水城硝灰洞遗址出土（编号GSXA3.P002），现藏于贵州省博物馆。

变质灰岩。外形近椭圆形。零台面，打击点部位凹缺，腹面打击泡较平，远边平齐较左右两边略厚，背面保存原来的砾石面。

石片

旧石器时代晚期

长5.2、宽11.4、厚1.3厘米

1975年兴义猫猫洞遗址出土（编号GXM.P1118），现藏于贵州省博物馆。

变质灰岩。零台面，横纵截面均呈凸镜体状，器表粘附有黄褐色胶结物。石片的腹、背两面周边相交成锐边；无明显台面，打击点部位凹缺；腹面半锥体部位呈月牙形凹入，打击泡微凸并在其远处呈现一道弧形凹；背面保存着原来的砾石面。

石片

旧石器时代晚期

长2.9、宽2.5、厚0.6厘米

1982年普定穿洞遗址出土（编号GPC.P3050），现藏于贵州省博物馆。

燧石。人工台面，整体呈不规则形。背部为节理面。半锥体凸出，同心波明显。

预制石核

旧石器时代早期

长5.6、宽6.2、厚2.1厘米

1965年黔西观音洞遗址出土（编号P15948），现藏于中国科学院古脊椎动物与古人类研究所。

毛坯为燧石结核，石核由两面组成，一面为剥片面，一面为预制面。预制方法为向心剥片，剥片方式为循环剥片。

预制石核

旧石器时代早期

长7.2、宽7.5、厚2.3厘米

1965年黔西观音洞遗址出土（编号P4265），现藏于中国科学院古脊椎动物与古人类研究所。

毛坯为燧石结核，石核分为上下两面，一面为剥片面，一面为预制面。预制后，剥片面最终成功剥下一个较大尺寸的片疤，剥片角度约为90°。

预制石核

旧石器时代早期

长6.1、宽3.8、厚1.5厘米

1965年黔西观音洞遗址出土（编号P16383），现藏于中国科学院古脊椎动物与古人类研究所。

石灰岩。石核由两面组成，其中一面有1个较大片疤，在打下这个片疤之前，石核经过了远端和近端的凸度预制。

石核

旧石器时代早期

长4.3、宽5.6、厚4.9厘米

1964年黔西观音洞遗址出土（编号P4116），现藏于中国科学院古脊椎动物与古人类研究所。

毛坯为燧石结核，单台面，台面为之前打下的石片留下的片疤，再以次片疤为台面开始向下剥片，台面角较小，但仍有部分剥片不成功，产生了微卷的远端。

石核

旧石器时代早期

长5.5、宽5.3、厚3.2厘米

1990年盘县大洞遗址出土（编号P9），现藏于中国科学院古脊椎动物与古人类研究所。

毛坯为燧石断块，周身不见石皮，原料节理发育，周边向心剥片，剥片前进行了许多准备工作，其中最大一个片疤长5、宽3厘米。主要剥片角度为88°。

石核

旧石器时代早期

长5.6、宽8.3、厚5.8厘米

1992年盘县大洞遗址出土（编号P472），现藏于中国科学院古脊椎动物与古人类研究所。

燧石。人工单台面，有轻微修理痕迹。最终片疤较大，片疤尺寸为6.4厘米×4.9厘米，是较成功的一次剥片，台面角度为50°。

石核

旧石器时代早期

长5.7、宽4.9、厚2.9厘米

1992年盘县大洞遗址出土（编号P104），现藏于中国科学院古脊椎动物与古人类研究所。

玄武岩。盘状石核分为两个面，两面都布满了石片疤，其中一面有3个片疤，尺寸分别为1.8厘米×2.5厘米、3.2厘米×3.2厘米、4.8厘米×2.2厘米，另外一面分布有8个片疤。主要剥片角为87°。

石刮削器

旧石器时代早期

长5.7、宽4.1、厚1.8厘米

1964年黔西观音洞遗址出土（编号P16202），现藏于中国科学院古脊椎动物与古人类研究所。

石灰岩。毛坯为石片，石片背面保留部分石皮。主要修理部位位于石片左侧，加工层数为1层，形成一个相对平齐的刃缘。

石刮削器

旧石器时代早期

长6.6、宽7.3、厚1.3厘米

1992年盘县大洞遗址出土（编号P195），现藏于中国科学院古脊椎动物与古人类研究所。

玄武岩。毛坯为石片，背面有两层同向的片疤，远端保留部分石皮。在石片左上部和下部都做了正向修理，中间部分未修理，但有使用痕迹。右侧刃缘部分进行了从背面向腹面修理，刃缘角度为37°。

石刮削器

旧石器时代早期

长7.1、宽6、厚1.8厘米

1992年盘县大洞遗址出土（编号P372），现藏于中国科学院古脊椎动物与古人类研究所。

玄武岩。毛坯为石片。台面部分因修理已缺失。主要的修理部位位于石片远端，由背面向腹面修理，修疤共3层，且连续、均匀，凸刃，刃缘角为66°。其余部位也有加工，加工方式各异。

石刮削器

旧石器时代中期

长8.1、宽4.6、厚2.3厘米

1973年水城硝灰洞遗址出土（编号GSX灰上.P019），现藏于贵州省博物馆。

硅质灰岩。外形不规则，双刃。由素台面石片加工而成，远边与右边连续修理，为异向加工，修疤连续大小相近，刃角较陡。

石刮削器

旧石器时代晚期

长8.6、宽4.7、厚2.3厘米

1975年兴义猫猫洞遗址出土（编号GXM.P0442），现藏于贵州省博物馆。

粗晶体变质灰岩。零台面石片制成，外形和横截面均略呈三角形。石片远端成尖，背面保留砾石面。石片左侧边由背面向腹面加工成单凸刃，修疤连续，修整痕迹的结构呈鱼鳞阶梯状，刃缘平齐。

石刮削器

旧石器时代晚期

长6.6、宽6.6、厚1.6厘米

1975年兴义猫猫洞遗址出土（编号GXM.P1188），现藏于贵州省博物馆。

变质灰岩。零台面石片加工而成，外形呈盘状，保留原砾石面，石片的周边加工成刃，加工方向由背面向腹面，修疤连续，修整痕迹的结构不尽相同，刃缘多较平齐。

石刮削器

旧石器时代晚期

长5.2、宽4.4、厚1.1厘米

1975年兴义猫猫洞遗址出土（编号GXM.P1186），现藏于贵州省博物馆。

粗晶体变质灰岩。石片经第二步加工而成，外形近乎一个规整的长方形，背面保存完整的砾石面。四边都由背面向破裂面加工成刃，刃缘都较平齐，刃口钝锐不一，每边刃都保留有2～4次重复修整的痕迹，这些痕迹的结构已不是叠层阶梯状而是叠层状。

石刮削器

旧石器时代晚期

长2.2、宽1.7、厚0.6厘米

1982年普定穿洞遗址出土（编号GPC.P1407），现藏于贵州省博物馆。

燧石。以石片修理而成，双向修理。修疤不连续、不满刃。

石刮削器

旧石器时代晚期

长2.72、宽2.55、厚1.05厘米

2016年贵安新区招果洞遗址出土（编号2016GYZN46E47L10d：3），现藏于贵州省文物考古研究所。

燧石。平面形状近方形，背面部分为石片片疤，台面与打击点因后期修整已不可见，除顶部外，其余三侧均可见双面修整痕迹，形成刃缘。

石刮削器

旧石器时代晚期

长5.02、宽3.05、厚1.53厘米

2016年贵安新区招果洞遗址出土（编号2016GYZN46E47L23：3），现藏于贵州省文物考古研究所。

燧石。平面形状近梯形，以石片制成，背面部分为石片片疤，台面及打击点等因后期修整已不可见，石片近端可见由腹面向背面的单面修整痕迹，形成直刃缘。

石刮削器

旧石器时代晚期

长3.75、宽3.03、厚1.98厘米

2016年贵安新区招果洞遗址出土（编号2016GYZN46E47L24：2），现藏于贵州省文物考古研究所。

燧石。平面形状近椭圆形，系石核制成，石核经多次剥片，残留台面2处，均为修整台面，石核下端可见较密集的单面修整痕迹，形成曲刃缘，加工较精致。

石刮削器

旧石器时代晚期

长3.6、宽3.29、厚0.91厘米

2016年贵安新区招果洞遗址出土（编号2016GYZN46E47L40：6），现藏于贵州省文物考古研究所。

燧石。平面形状近三角形，以石片制成，石片左侧可见腹面向背面的单面修整痕迹，形成凹缺状的刃缘，右侧可见较为明显的使用痕迹，远端经修整，形成锐角夹角。

石锯齿刃器

旧石器时代早期

长6、宽4.2、厚1.1厘米

1964年黔西观音洞遗址出土（编号P7565），现藏于中国科学院古脊椎动物与古人类研究所。

燧石。毛坯为石片，台面为有脊台面，石片背面有3个主要片疤。有两个加工刃缘，修理层数为1层，一个为锯齿刃器刃缘，一个为凹刃刮削器刃缘。

石锯齿刃器

旧石器时代早期
长7.8、宽4、厚1.8厘米
1992年盘县大洞遗址出土（编号P244），现藏于中国科学院古脊椎动物与古人类研究所。
燧石。毛坯为石片，加工部位位于石片左侧，加工方式均为从腹面向背面修理，产生若干连续的凹缺，形成一个标准锯齿刃器刃缘，刃缘角76°。

石凹缺器

旧石器时代早期
长3.8、宽3.7、厚1.5厘米
1990年盘县大洞遗址出土（编号P2），现藏于中国科学院古脊椎动物与古人类研究所。
燧石。毛坯为石片，凹缺刃口位于石片远端，凹口宽2.6、深0.6厘米。石片左边缘也有修理，修疤均匀，修理层数为1层。

石凹缺器 / 端刮器

旧石器时代早期

长10.3、宽5.8、厚2.6厘米

1992年盘县大洞遗址出土（编号P518.533：33），现藏于中国科学院古脊椎动物与古人类研究所。

燧石。毛坯为石片，毛坯较厚，近端细致加工为一个端刮刃缘，右侧单面加工成一个凹缺刃缘，是一个复合工具。

石端刮器

旧石器时代晚期

长5.8、宽3.9、厚2.2厘米

1985年毕节海子街大洞遗址出土（编号GBHD-B5-2），现藏于贵州省博物馆。

变质灰岩。长型厚石片加工而成，外形呈舌状。石片台面有一条纵脊，背面被石片疤覆盖且中间有一条突出的纵脊。刃缘由石片左侧边至整个远边，加工方向由腹向背，但着重修整是在石片最厚的一端——远端。端刃部修整形成一个凸弧的刃缘。

石端刮器

旧石器时代晚期

长8.3、宽6.1、厚3.5厘米

1975年兴义猫猫洞遗址出土（编号GXM.P0194），现藏于贵州省博物馆。

硅质泥灰岩的天然台面厚石片打制而成。顶端较窄小，刃端宽大而圆凸。台面和背面保留砾石面。由左边至刃端作正向加工，修疤较大但连续，修整痕迹的结构为普通的单层，刃缘不平齐，在不改变基本成型的基础上，着重在宽大圆凸的刃端腹面做较细致的横向修整。

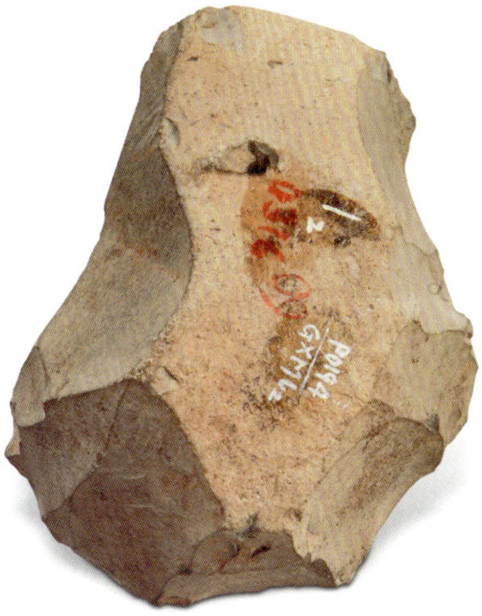

石钻具

旧石器时代早期

长5.1、宽5.8、厚2.2厘米

1990年盘县大洞遗址出土（编号P74），现藏于中国科学院古脊椎动物与古人类研究所。

燧石。毛坯为自然台面石片，工具较厚，保留部分石皮。修理部位位于左侧边和远端，加工方式为转向加工；其中一侧为凹缺，其加工方法为一次性剥片，形成可用凹刃刃缘。

石手斧

旧石器时代早期

长8.6、宽8.2、厚4.3厘米

1992年盘县大洞遗址出土（编号P157），现藏于中国科学院古脊椎动物与古人类研究所。

玄武岩。毛坯为石片，原石片背面保留部分石皮。台面部分因为修理已缺失。该标本两面加工，尖端和手持部位均有加工痕迹，且标本正视、侧视均对称。

石锤

旧石器时代中期

长12.4、宽9.6、厚7.3厘米

1974年水城硝灰洞遗址出土（编号GSXA3.P001），现藏于贵州省博物馆。

砾石。外形不规则。多面可见打击坑疤，坑疤呈不规则形，坑疤内面粗糙。

石尖状器

旧石器时代晚期

长7.8、宽3.8、厚0.94厘米

1975年兴义猫猫洞遗址出土（编号GXM.P1159），现藏于贵州省博物馆。

粗晶体变质灰岩的薄石片打制而成。外形呈镰刀状，石片背面保留原砾石面。石片的周边均由背面向腹面加工成刃，修疤连续，修整痕迹的结构呈叠层阶梯状和叠层状，尖刃位于石片的右远角，呈喙状。

石尖状器

旧石器时代晚期

长9.8、宽4.6、厚2.6厘米

1975年兴义猫猫洞遗址出土（编号GXM.P1126），现藏于贵州省博物馆。

泥质粉砂岩的厚石片制成。石器的加工主要是在石片的两侧长边，加工方向由背面向腹面，修整出的刃缘参差不齐、刃口锐钝不一，其左侧刃凹凸，右侧刃凸。锐尖的两侧加工使两侧修疤在腹面远段的中间交汇，构成一条棱脊直通尖端。

石尖状器

旧石器时代晚期

长2.3、宽1.2、厚1厘米

1982年普定穿洞遗址出土（编号GPC.P3175），现藏于贵州省博物馆。

燧石。以断块为毛坯，单向修理，使一端成为尖状。

石尖状器

旧石器时代晚期

长5.12、宽2.6、厚1.78厘米

2016年贵安新区招果洞遗址出土（编号2016GYZN46E47L15：9），现藏于贵州省文物考古研究所。

硅质岩。平面形状不规则，以石片制成，背面全为石片片疤。近端两侧可见由腹面向背面的单面修整痕迹，有意识地修整出一个锐角刃缘，形成尖状器的尖部，远端可见由背面向腹面的单面修整痕迹。

石砍砸器

旧石器时代晚期

长11、宽9.3、厚3.5厘米

1975年兴义猫猫洞遗址出土（编号GXM.P0214），现藏于贵州省博物馆。

泥质灰岩的石块打制而成。外形呈多边形，横截面略呈梯形。石块的左、远、右三边被加工成刃，左侧边分别于上下面边缘作转向加工，远边在上下面之间的中间棱脊上作正向加工，右侧边在下面边缘作正向加工。修疤均较大而连续，修整痕迹的结构多呈叠层阶梯状。

石砍砸器

旧石器时代晚期

长6.68、宽4.79、厚3.54厘米

2019年贵安新区牛坡洞遗址出土（编号AT20404⑲：001），现藏于贵州省文物考古研究所。

以砾石为毛坯，单向修整，修疤连续叠压分布，刃缘不规则。

石雕刻器

旧石器时代晚期

长2.5、宽2.5、厚0.7厘米

1982年普定穿洞遗址出土（编号GPC.P3039），现藏于贵州省博物馆。

燧石。以锤击石片为毛坯，于石片远端从破裂面向背面修理，在远端左侧形成尖状。

石箭镞

旧石器时代晚期

长3.5、宽1.7、厚0.55厘米

1985年毕节海子街大洞遗址出土（编号GBHD-A1-1），现藏于贵州省博物馆。

燧石。石片打制而成，远端及左右两侧修刃，器身中部靠近端修有对称凹缺，近端修薄。

旧石器时代

人化石

上颌右侧中门齿

旧石器时代早期

近远中径估计10毫米

1992年盘县大洞遗址出土（编号PA1575），现藏于中国科学院古脊椎动物与古人类研究所。

颊舌径不完整。舌侧基底隆起、铲形显著。

下颌右侧犬齿

旧石器时代早期

近远中径7.9、颊舌径8.3毫米

1993年盘县大洞遗址出土（编号PA1576），现藏于中国科学院古脊椎动物与古人类研究所。

舌侧中央脊弱，有远中附脊；铲形显著，远中边缘脊比近中侧隆起程度高。

上颌右侧第三前臼齿

旧石器时代早期

近远中径8.3、颊舌径10毫米

1998年盘县大洞遗址出土（编号PA1577），现藏于中国科学院古脊椎动物与古人类研究所。

颊侧和舌侧尖由连续中央沟分开；咬合面观齿冠外轮廓对称，颊侧尖近远中径明显大于舌侧；颊侧尖中央脊分叉；颊侧面无明显近远中纵沟；齿根近远中面皆有纵沟。

下颌左侧第三前臼齿

旧石器时代早期

近远中径8.2、颊舌径9.5毫米

2000年盘县大洞遗址出土（编号PA1578），现藏于中国科学院古脊椎动物与古人类研究所。

颊侧和舌侧尖由横脊相连；咬合面观齿冠外轮廓不对称；颊侧面无明显近远中纵沟；齿根近远中面皆有纵沟。

上颌右侧中门齿

旧石器时代中期

近远中径10.3、颊舌径8.3毫米

1972年桐梓岩灰洞遗址出土（编号PA520），现藏于中国科学院古脊椎动物与古人类研究所。

唇侧光滑、近远中方向隆起程度中等；舌侧基底隆起和铲形明显，有指状突；齿根粗壮程度从齿颈线到尖端减小不显著。

上颌右侧第三前臼齿

旧石器时代中期

近远中径9毫米，颊舌径不完整

1972年桐梓岩灰洞遗址出土（编号PA521），现藏于中国科学院古脊椎动物与古人类研究所。

颊侧和舌侧尖由连续中央沟分开，颊侧和舌侧中央脊皆有分叉；颊侧尖有远中附脊；近中边缘脊处有附尖。

上颌左侧第三前臼齿

旧石器时代中期

近远中径9、颊舌径11.1毫米

1983年桐梓岩灰洞遗址出土（编号PA873），现藏于中国科学院古脊椎动物与古人类研究所。

颊侧和舌侧尖由连续中央沟分开，颊侧尖近远中径明显大于舌侧尖；颊侧尖有近远中附脊；颊侧面远中有一弱的纵沟；齿根近中面有一中等发育程度的纵沟。

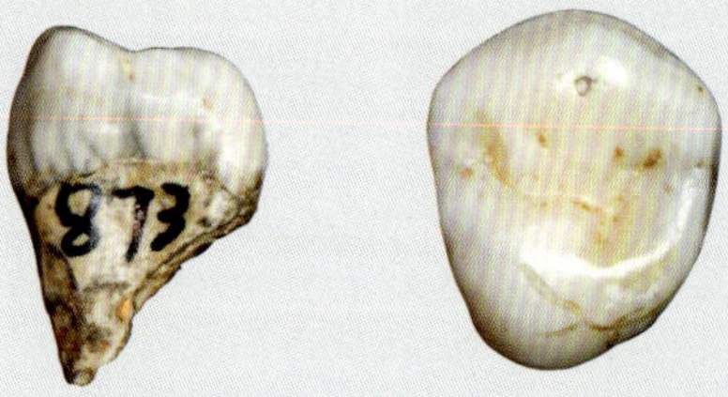

上颌右侧第一臼齿

旧石器时代中期

近远中径11.4、颊舌径14毫米

1983年桐梓岩灰洞遗址出土（编号PA875），现藏于中国科学院古脊椎动物与古人类研究所。

四个齿尖完全发育，其中次尖较大；近中侧无横脊；斜脊连续；舌侧根粗壮，舌侧面有一中等深度纵沟。

女性头骨

旧石器时代晚期

现存长17.7、宽13.2、高13.2厘米

1982年普定穿洞遗址出土，现藏于贵州省博物馆。

出土时被岩石压成碎片，后经修复。保留有较为完整的顶骨和枕骨，以及两侧颞骨大部分，额骨一部分和左侧眶骨上部，呈深灰黄色，杂有黑色斑块。

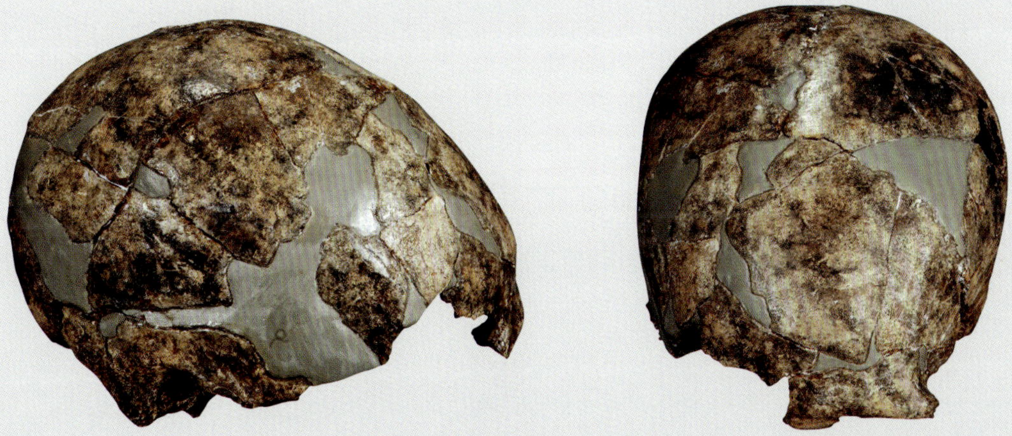

贵州考古出土文物精粹

新石器时代

貴州

新石器时代

骨角牙器

骨锥

新石器时代

长8.8、最大径0.5厘米

2006年贵阳肖家洞遗址出土（编号2006GJX采8-2），现藏于贵州省文物考古研究所。

骨片制成，通体磨光，两面刃部较尖利。

骨锥

新石器时代

通长12.17、粗端宽0.55、细端宽0.34厘米

1979年普定白岩脚洞遗址出土（编号GPB002），现藏于贵州省博物馆。

哺乳动物肢骨的骨块制作而成，整体形状呈一端粗一端细，背面较平直并保留有原来的骨表面，腹面较凸起为骨腔面，经磨制后原骨腔面已不可见。

骨锥

新石器时代

长8.6、宽1.2、厚0.7厘米

1979年普定穿洞遗址出土（编号GPC.V6910），现藏于贵州省博物馆。

动物肢骨段制成，保留大部分骨表面，外形呈锥状。细端经刮削器修整成坯后，磨制成尖；宽端砸切平齐，保留着部分棱脊。尖部光滑，有明显的使用痕迹。

骨锥

新石器时代

长10.5、宽2.5、厚0.5厘米

2016年贵安新区招果洞遗址出土（编号2016GYZN46E47L：16），现藏于贵州省文物考古研究所。

残损严重，顶部折断，且沿器身中部破裂，刃部残损严重，磨制精致。

骨铲

新石器时代

长7.9、宽3.4、厚0.8厘米

1979年普定穿洞遗址出土（编号GPC.V6918），现藏于贵州省博物馆。

动物肢骨骨片加工制作而成，外形近椭圆形。加工主要在骨片两端，刃端骨腔面磨制成较大斜面，刃端骨表面磨成较小斜面，两斜面组合成薄刃。

骨铲

新石器时代

长14.26、宽3.08、厚1.49厘米

2013年平坝牛坡洞遗址出土（编号2013GPNAT20404⑬：006），现藏于贵州省文物考古研究所。

扁长形，通体磨制精细，刃部锋利，一角已残，一边残损严重，另一边磨制精细。

骨铲

新石器时代

长9.22、宽3.47、厚1.02厘米

2013年平坝牛坡洞遗址出土（编号2013GPNAT20404⑮：002），现藏于贵州省文物考古研究所。

平面近长方形，略残，刃圆钝，磨制精细。

骨铲

新石器时代

长12.5、宽3.6、厚0.9厘米

2016年贵安新区招果洞遗址出土（编号2016GYZN46E47L：24），现藏于贵州省文物考古研究所。

平面近梯形，斜刃，磨制较精细。

骨铲

新石器时代

长7.9、宽2.9、厚0.8厘米

2016年贵安新区招果洞遗址出土（编号2016GYZN46E47L：19），现藏于贵州省文物考古研究所。

顶部折断，刃部形态不规整，大致为圆刃，磨制精致。

骨铲

新石器时代

长7.7、最宽2.7、最厚0.7厘米

2006年贵阳肖家洞遗址出土（编号2006GJX采7），现藏于贵州省文物考古研究所。

正面靠近刃部加以磨制，背面未发现磨制痕迹。

角铲

新石器时代

长13.1、宽3.3、厚3.1厘米

1979年普定穿洞遗址出土（编号GPC.V6907），现藏于贵州省博物馆。

一段鹿角制成，角表面可见纵向沟纹。加工主要在鹿角的两端：根端被砍切整齐，附着胶结物；远端利用鹿角的最大横径从单面由近至远斜向加工成椭圆形斜面，端部形成半圆凸形刃口，端部有缺损；斜面中央角的骨松质已磋磨成凹坑。

角铲

新石器时代

长16、宽4.3、厚3.4厘米

1995年安龙观音洞遗址出土（编号GALG.B001），现藏于贵州省博物馆。

用一段水鹿角制成，角表面见粗壮的纵向沟纹。加工主要在鹿角的两端：根端被砍切整齐；远端利用鹿角的最大横径从单面由近至远斜向加工成椭圆形斜面，端部形成半圆凸形刃口；斜面上隐现一道道纵向刮削条痕，斜面中央角的骨松质已磋磨成凹坑。

角铲

新石器时代

长11.7、宽4.1、厚1厘米

2016年贵安新区招果洞遗址出土（编号2016GYZN46E47L：21），现藏于贵州省文物考古研究所。

平面近梯形，刃部及柄部均经细致磨制，均为近圆刃。

骨刀

新石器时代

长9.7、宽2.95、厚1.1厘米

1991年安龙观音洞遗址出土（编号C3W3-55），现藏于贵州省博物馆。

体型较大的动物肢骨打制的骨片制成，横纵截面都略呈三角形，原肢骨外表保留，骨腔面仅有约十分之一残存在宽端的厚侧，其余为骨片破裂面；开刃于较薄而直的长边，由腹面向背面加工，短宽的修疤彼此相连。

刻画骨条

新石器时代

长3.4、宽0.96、厚0.76厘米

1995年安龙观音洞遗址出土（编号GALG.B6-9），现藏于贵州省博物馆。

骨块具有明显的火烧痕迹，外形呈三棱长方体，其一端稍宽于另一端；取材于动物肢骨某部，除骨表面光润外，其余四面为粗糙的骨质断裂面。刻痕横于长轴，布满光润的骨表面，组合排列似乎有序。

穿孔牙饰品

新石器时代

全齿高3.15、颊舌径0.88、远中径0.59厘米

1979年普定白岩脚洞遗址出土（编号GPB001），现藏于贵州省博物馆。

獾的犬齿制成，穿孔位于齿根近端部，近中面先磨面，然后从平面上施钻至髓腔，远中面直接在齿根面上施钻，直到穿通。

穿孔螺壳

新石器时代

长4.2、直径2.1厘米

1996年安龙观音洞遗址出土（编号GALG.B022），现藏于贵州省博物馆。

由螺壳制成，先在螺壳开口背面的壳壁上磨制一个平面，再用钻孔工具进行钻孔而成。

新石器时代

石　器

石刮削器

新石器时代

长12.7、宽6.1、厚0.9厘米

1995年安龙观音洞遗址出土（编号GAG.P0170），现藏于贵州省博物馆。

原料为砾石，硅质岩。双直刃，以零台面石片为毛坯，从破裂面向背面修理，修理部位分别为远端及右侧。

石刮削器

新石器时代

长5.9、宽4.6、厚0.9厘米

1995年安龙观音洞遗址出土（编号GAG.P0197），现藏于贵州省博物馆。

原料为砾石，硅质岩。凸刃，以零台面石片为毛坯，修理石片远端，从背面向破裂面修理。

石刮削器

新石器时代

长8.3、宽5、厚1.3厘米

1981年普定穿洞遗址出土（编号GPC.P1790），现藏于贵州省博物馆。

河滩砾石，砂岩。以零台面石片修理远端，修理方式为从背面向破裂面修理，修疤较小。

石尖状器

新石器时代

长9.8、宽4.8、厚0.9厘米

1995年安龙观音洞遗址出土（编号GALG.P0894），现藏于贵州省博物馆。

原料为砾石，硅质岩。对石片近端和远端进行修理，从背面向破裂面修理，两刃于石片右侧形成尖刃。

石斧

新石器时代

长14.7、宽5.9、厚1.6厘米

1995年安龙观音洞遗址出土（编号GALG.B6-9），现藏于贵州省博物馆。

灰岩。整体呈窄长形，凸刃，刃部双面磨光，两侧有双面打制修理疤痕。

石斧

新石器时代

长7.2、宽3.8、厚1.1厘米

1995年安龙观音洞遗址出土（编号GALG.P0907），现藏于贵州省博物馆。

砾石。刃部微凸，器身大部及刃部磨制，两侧保留打制修理疤痕。

石斧

新石器时代

长6.3、宽4.4、厚2厘米

1981年普定穿洞遗址出土（编号GPC.P2725），现藏于贵州省博物馆。

河滩砾石。利用断块将一端经过单向修理形成刃部，刃缘不平整，一侧经过磨制；另一端以断裂面为台面也经过一定程度修整。

石斧

新石器时代

长9.38、宽7.53、厚2.85厘米

2019年贵安新区牛坡洞遗址出土(编号BT20801⑨:001),现藏于贵州省文物考古研究所。

灰色粉砂岩。器形规整,通体磨制精致,圆角长方形,弧刃,刃缘上可见少量片疤,背端已残断,可见向内收的肩部。

石斧

新石器时代

通长9、刃宽6.1厘米

1981年平坝飞虎山遗址出土(编号洞2T5①:2),现藏于贵州省博物馆。

顶部略残,通体磨光,表面有斑纹。

石斧

新石器时代

最长8.15、最宽6.2、最厚1.65厘米

2010年天柱漆树脚遗址出土（编号T0106④：48），现藏于贵州省文物考古研究所。

青石。平面呈梯形，顶部分残缺，器身残存部分有打制痕迹，弧刃。

石斧

新石器时代

最长12.4、最宽6.14、最厚1.9厘米

2010年天柱漆树脚遗址出土（编号T0110③：703），现藏于贵州省文物考古研究所。

青石。平面呈梯形，顶近半残缺，弧刃，通体磨光。

石斧

新石器时代

最长7.65、最宽4.4、最厚1.65厘米

2011年天柱漆树脚遗址出土（编号T0309③：949），现藏于贵州省文物考古研究所。

青石。平面呈梯形，器身残存打制痕迹，弧刃。

双肩石铲

新石器时代

通长25、刃宽8.5、厚2厘米

1986年兴义巴结镇歪染乡（现南盘江镇歪染村）出土，现藏于黔西南布依族苗族自治州博物馆。

褐色砂岩。通体精磨。对称双平肩，侧壁斜直，弧刃，侧锋。

石砍砸器

新石器时代

最长19.3、最宽15.4、最厚4.5厘米

2010年天柱漆树脚遗址出土（编号T0205④：7），现藏于贵州省文物考古研究所。

砾石。平面呈三角形，顶部及刃部有数处打击点。

石雕刻器

新石器时代

长9.5、宽3.2、厚2.7厘米

1981年普定穿洞遗址出土（编号GPC.P1610），现藏于贵州省博物馆。

硅质灰岩。以断片为毛坯，整体呈狭窄长条形，对两侧采用交互加工，修疤连续满刃，两刃缘于一端交汇形成尖状。

石器器坯

新石器时代

最长14、最宽5.9、最厚1.75厘米

2011年天柱漆树脚遗址出土（编号T0111③：97），现藏于贵州省文物考古研究所。

砾石。平面近梯形，两侧弧，通体打制而成，无磨制痕迹。

石刀

新石器时代

长3.4、宽5.4、厚0.9厘米

1981年普定穿洞遗址出土（编号GPC.P0898），现藏于贵州省博物馆。

河滩砾石。零台面石片，打击点、放射线等打击特征明显，刃口圆弧。

石片

新石器时代

长10、宽4.4、厚1.3厘米

1995年安龙观音洞遗址出土（编号GAG.P0128），现藏于贵州省博物馆。

原料为砾石，硅质岩。自然台面，整体呈纵向椭圆形，打击点明显。背部保留同向片疤一处，以自然砾石面为主。

石片

新石器时代

长3.1、宽2.2、厚0.7厘米

1995年安龙观音洞遗址出土（编号GALG.P0141），现藏于贵州省博物馆。

水晶。采用砸击法，同心波特征明显，两端有剥落碎屑痕迹。

新石器时代

陶 器

陶圈足盘

新石器时代

口径14.2、足径11.9、高4.3厘米

2010年天柱盘塘遗址出土，现藏于贵州省文物考古研究所。

夹砂黄褐陶。直口微敛，圆唇，矮圈足。器表饰戳印圆圈纹和线条构成的鸟嘴形复合纹饰。

陶壶

新石器时代

口径16.8、腹径25.5、底径10.8、高29.6厘米

2016年习水黄金湾遗址出土（编号XHH12∶2），现藏于贵州省文物考古研究所。

夹细砂灰褐陶。侈口，折沿，尖圆唇，高领，溜肩，圆鼓腹，平底。肩部以下至近底部饰交错细绳纹（菱格纹），腹下部饰一周附加堆纹。

陶罐

新石器时代

口径29.2、腹径33.4、高33.5厘米

2016年习水黄金湾遗址出土（编号XHH12∶3），现藏于贵州省文物考古研究所。

夹细砂红褐陶。侈口，折沿，尖圆唇，束颈，鼓腹，底部残缺，推测为平底。腹中部饰三周抹平的凹弦纹，凹弦纹以上至颈部饰斜向中绳纹，凹弦纹以下至近底部饰交错细绳纹（菱格纹），手制痕迹较明显。

陶罐

新石器时代

口径18.8、腹径21.4、底径17.2、高28.2厘米

2017年习水黄金湾遗址出土（编号XHH12:1），现藏于贵州省文物考古研究所。

夹细砂红褐陶。侈口，折沿，束颈，深腹微鼓，平底。口沿饰花边纹，腹中部饰一周附加堆纹，腹上部饰交错细绳纹，腹下部饰竖向细绳纹。

陶罐

新石器时代

口径14.52、底径9.49、高23.8厘米

2019年贵安新区牛坡洞遗址出土（编号AT20401⑥：001），现藏于贵州省文物考古研究所。

夹砂灰陶，内壁黑色。侈口，尖圆唇，深腹，平底。近唇部饰竖向绳纹，肩部饰横向绳纹，肩部及以下饰交错绳纹。

贵州考古出土文物精粹

商周时期

貴州

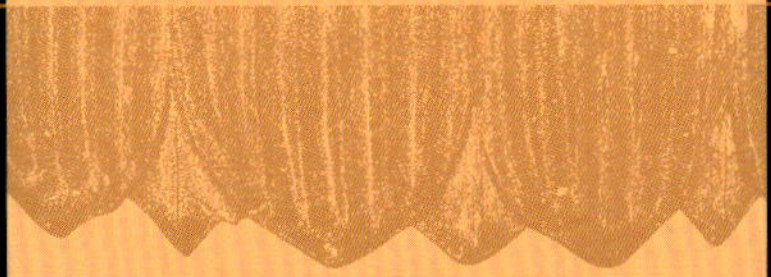

商周时期

骨　器

骨器

西周早中期

残长3.1、宽1.5、厚0.4厘米

2016年毕节马场遗址出土（编号TN05W03④：4），现藏于贵州省文物考古研究所。

残，平面呈长方形，通体磨制，正面有圆形钻孔，背部素面。

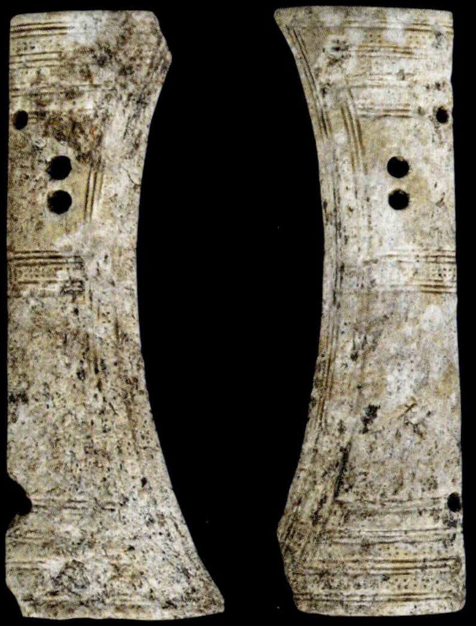

骨饰

西周中晚期

M16：1，长7.9、最宽2.35、厚0.25厘米；

M16：2，长7.9、最宽2.35、厚0.25厘米

2005年威宁鸡公山遗址出土（编号M16：1、M16：2），现藏于贵州省文物考古研究所。

两件大小和形制相同。长方形宽片状，一壁内弧，磨制光滑，有3～4个小圆穿孔，面上有平行细线、戳印小孔组成的图案。

骨笄

西周中晚期

长16厘米

1984年毕节瓦窑遗址出土（编号T9④B：51），现藏于贵州省博物馆。

磨制光滑，扁薄尖锥状，尾端较宽并分出丫状饰。

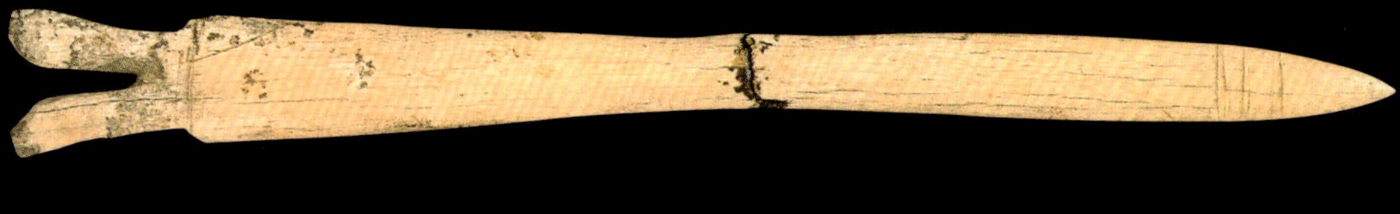

商周时期

石 器

石钺

西周中晚期

通高12.3、背长11.1、刃宽9.8、厚0.5厘米

2010年天柱江东溪口遗址出土（编号2010TJXⅠT3⑨：1），现藏于贵州省文物考古研究所。

青石。通体磨光，背部有4个穿孔，穿孔为单面钻孔，刃部锋利。

石璋

西周晚期

长5.7、宽1.2～1.7、厚0.1厘米

2020年铜仁方田坝遗址出土（编号H12：59），现藏于贵州省文物考古研究所。

灰岩。长条铲状，下部两侧端有对称齿状牙。

石斧

西周早中期

长24.2、宽8厘米

2020年铜仁旋水湾遗址出土（编号2020BXA区T4①：29），现藏于贵州省文物考古研究所。

灰岩。长条形，刃部有缺口。

石斧

西周早中期

长15.6、宽7.8厘米

2020年黄平镰刀湾遗址出土（编号2019QHGLⅠT0101⑥：6），现藏于贵州省文物考古研究所。

灰岩。长条状，周身光滑，弧形刃。

石镰

西周中晚期

长17.6、最宽4.6厘米

2004年威宁鸡公山遗址出土（编号K97：3），现藏于贵州省文物考古研究所。

褐色砂岩。顶端平，刃部后端平整，前端锋利。

单孔石刀

西周中晚期

长13.2、宽4.5厘米

1984年毕节瓦窑遗址出土（编号T9④B：24），现藏于贵州省博物馆。

砂岩。背部半圆，刃平。中部近背顶有一穿孔，孔径0.8厘米。

穿孔石刀

西周中晚期

长19.4、最宽6.2厘米

2005年威宁鸡公山遗址出土（编号K97：2），现藏于贵州省文物考古研究所。

砂岩。前端尖锐，刀中部起脊至尾端形成三棱尖锥状，近刀背有一凹槽，内有两个圆形穿孔。

石矛

西周中晚期

残长7.9、宽3.3厘米

2020年铜仁旋水湾遗址出土（编号2020BXBⅣ区T0101④：1），现藏于贵州省文物考古研究所。

灰岩。尖锥状，后端有铤，铤残。

石范

西周中晚期
残长5.5、残宽5厘米
1984年毕节瓦窑遗址出土（编号T9④B：56），现藏于贵州省博物馆。
砂岩。残，刻三条凹槽，下面两条凹槽之间刻三角状波折纹，可能是手镯残范。

石范

西周中晚期
长8、宽4.5、厚3厘米
1984年毕节瓦窑遗址出土（编号T9④A：28），现藏于贵州省博物馆。
砂岩。近椭圆形，一面磨制光滑，中间刻出镞状凹槽，一端较宽，并有斜面浇口，可能是镞范。

石范

西周晚期

长22.4、直径7.8～9厘米

2020年黄平镰刀湾遗址出土（编号2020QHGLⅠT1201④：1），现藏于贵州省文物考古研究所。

砂岩。分下上两块，一块残。范面矛身呈尖叶形，圆形銎上有一箍圈。

石范

西周晚期

长9.5、宽9厘米

2021年黄平镰刀湾遗址出土（编号2021QHGLⅠT1305④：1），现藏于贵州省文物考古研究所。

砂岩。残钺范。

商周时期

陶　器

陶高领罐

西周早中期

口径22、底径16、高47.3厘米

2004年威宁鸡公山遗址出土（编号K29：2），

现藏于贵州省文物考古研究所。

夹砂黄褐陶，陶色不匀。口微敞，高领，溜肩，深鼓腹，平底。口沿外侧饰瓦棱纹。

陶高领罐

西周早中期

口径32、底径18.8、高70.4厘米

2005年威宁鸡公山遗址出土（编号K161：4），现藏于贵州省文物考古研究所。

夹砂褐陶，陶色斑驳。敞口，高领，斜肩，深鼓腹，平底。口沿外侧饰瓦棱纹。

陶折沿罐

西周早中期

口径7.8、底径5.3、高10厘米

2004年威宁吴家大坪遗址出土（编号ⅢG2①:1），现藏于贵州省文物考古研究所。

夹砂红褐陶。敞口，折沿，束颈，鼓腹，平底。肩腹部三个竖耳。口沿外侧饰瓦棱纹。

陶折沿罐

西周早中期

口径25.6、底径11.2、高32厘米

2004年威宁鸡公山遗址出土（编号K10：3），现藏于贵州省文物考古研究所。

夹砂褐陶，陶色斑驳。敞口，宽折沿略内敛，束颈，鼓腹，平底。口沿内外侧饰粗瓦棱纹。

陶折沿罐

西周中期

口径17、底径9.4、高24厘米

2005年威宁鸡公山遗址出土（编号K112：6），现藏于贵州省文物考古研究所。

夹砂红褐陶，陶色不匀。敞口，宽折沿，束颈，鼓腹，平底。肩及腹部三竖宽环耳。口沿内外饰瓦棱纹。

陶深腹罐

西周早中期

口径25.1、底径6.4、高34.2厘米

2020年铜仁方田坝遗址出土（编号H12：39），现藏于贵州省文物考古研究所。

夹砂灰陶。敞口，圆唇，深腹，小平底。器身饰交叉绳纹，上腹饰两周凹弦纹。

陶小平底罐

西周早中期

口径16.3、底径4、高11.2厘米

2020年铜仁方田坝遗址出土（编号H12：48），现藏于贵州省文物考古研究所。

夹砂褐陶，器表呈灰黑色。口微侈，束颈，圆折肩，深腹，小平底。

陶大双耳罐

西周中晚期

口径6.9、底径3.6、高10.4厘米

2004年威宁鸡公山遗址出土（编号K39：1），现藏于贵州省文物考古研究所。

泥质灰褐陶。敞口，束颈，鼓腹，平底。颈腹部对称大双竖环耳。腹部饰两周凹弦纹。

陶带流罐

西周早中期

口径18、底径10、高14厘米

2004年威宁鸡公山遗址出土（编号K29：4），现藏于贵州省文物考古研究所。

泥质黄褐陶。敛口，方唇，球形腹，平底。口部一流，肩部一横桥耳。

陶单耳罐

商晚期

口径9.4、底径6.8、高13.9厘米

2005年威宁鸡公山遗址出土（编号K135：4），现藏于贵州省文物考古研究所。

夹粗砂褐陶，陶色不匀。侈口，直颈，鼓腹，平底。肩部一竖宽环耳。

陶穿孔小罐

商晚期

口径4.4、底径5、高7厘米

2004年威宁鸡公山遗址出土（编号K37：5），现藏于贵州省文物考古研究所。

夹砂红褐陶。敛口，鼓腹，平底。口沿外侧对称双穿孔。

陶圜底罐

商晚期

口径7.5、高17.5厘米

2020年黄平镰刀湾遗址出土（编号2020QHGLⅠT0102④：2），现藏于贵州省文物考古研究所。

夹细砂灰褐陶。侈口，长颈，鼓腹，小平底。

陶豆柄

西周中晚期

残高27.7厘米

2015年习水福禄台遗址出土（编号2015XFH33：1），现藏于贵州省文物考古研究所。

泥质灰褐陶。高柄豆形器柄部残件，内空，柄中部有两周凸棱。

陶盆形盉

商晚期

口径36～43、底径15.4、高30厘米

2004年威宁鸡公山遗址出土（编号K106：40），现藏于贵州省文物考古研究所。

夹粗砂褐陶，陶色不匀。敞口，平唇，弧腹，平底。口沿上一流，流下一横桥形耳，另一侧肩部对称横桥形耳残。沿下饰数周粗瓦棱纹。

陶三系大瓶

商晚期

口径14.8、底径9.5、高47.6厘米

2005年威宁鸡公山遗址出土（编号K106∶29），现藏于贵州省文物考古研究所。

夹砂红褐陶，陶色斑驳，局部呈黑褐色。喇叭形口，长颈，溜肩，鼓腹，小平底。肩部和腹下部三环形耳。腹部饰三周戳刺纹（局部）。

陶细长颈瓶

商晚期

口径7.8、底径4、高37.2厘米

2005年威宁鸡公山遗址出土（编号K160∶3），现藏于贵州省文物考古研究所。

夹细砂褐陶，陶色斑驳。喇叭形口，细长颈，鼓腹，小平底。颈肩部一竖宽环耳。颈肩部饰细线纹，腹部饰三周戳刺纹。

陶细长颈瓶

商晚期

口径4.7、底径2.2、高19.2厘米

2004年威宁鸡公山遗址出土（编号K14：2），现藏于贵州省文物考古研究所。

夹细砂红褐陶，局部呈灰黑色。喇叭形口，细长颈，溜肩，鼓腹，小平底。颈肩部一竖宽环耳。腹部饰三周戳刺纹。

陶长颈瓶

商晚期

口径10.4、底径6.6、高26.8厘米

2005年威宁鸡公山遗址出土（编号K106：23），现藏于贵州省文物考古研究所。

夹细砂红褐陶，局部呈黑褐色。喇叭形口，长颈，鼓腹，平底。颈肩部一竖宽环耳。颈肩部饰细线纹，腹部饰两周戳刺纹。

陶长颈瓶

商晚期

口径12、底径7.7、高27.5厘米

2004年威宁鸡公山遗址出土（编号K10：1），现藏于贵州省文物考古研究所。

夹细砂红褐陶，局部呈黑褐色。喇叭形口有流，长颈，鼓腹，平底。颈肩部一竖宽环耳。颈部饰细线纹，腹部饰两周戳刺纹。

陶双系瓶

商晚期

口径3.6、底径3、高12.1厘米

2004年威宁鸡公山遗址出土（编号K37：3），现藏于贵州省文物考古研究所。

夹砂红褐陶。直口，长颈，弧腹，平底。颈部对称双耳。

商周时期

青铜器

铜锛

西周中晚期

长14.7、顶宽2.7、刃宽4.6厘米

2004年威宁鸡公山遗址出土（K66④：4），现藏于贵州省文物考古研究所。

表面有煅打痕。长条梯形，背面中部有段，造型与有段石锛接近。

商周时期

玉　器

玉璜

西周晚期

内径5.2、外径10.1厘米

2020年黄平镰刀湾遗址出土（编号2021QHGLⅠT1104④：1），现藏于贵州省文物考古研究所。

半圆环状，缺口一端钻两圆孔，两面饰线条、圆圈纹等。

贵州考古出土文物精粹

战国至西汉前期

貴州

战国至西汉前期

青铜器

铜剑

战国中期

通长35、最宽3.6厘米

2004年威宁中水红营盘出土（编号M19：1），现藏于贵州省文物考古研究所。

柳叶形剑身较长，中部起脊，刃部有磨痕，较锋利，茎与剑身连接成斜肩状，茎上二穿。

铜剑

战国中期

通长31.8、最宽3.2厘米

2000年赫章可乐罗德成地出土（编号M318：2），现藏于贵州省博物馆。

柳叶形，剑身断面呈菱形，中脊凸出，剑身与茎无明显分界，剑茎处缠有数周树皮，内插纵向木片。

铜剑

战国中期

通长41、宽4.2厘米

2000年赫章可乐罗德成地出土（编号M350：1），现藏于贵州省文物考古研究所。

剑身与茎无明显分界，剑身较宽，中部起脊，脊上有槽。剑身基部一面饰虎斑纹，一面饰手心纹；身上饰水波纹。茎上二穿，一穿位于正中，一穿偏向肩部。

铜剑

战国晚期

通长36、茎长10.8、剑身长25.2、剑身最宽处3.4厘米

2000年赫章可乐罗德成地出土（编号M365：5），现藏于贵州省博物馆。

茎首镂空牌状。剑身为柳叶形，中部起脊。茎中部略内束，从前至后有四道凸起的箍状装饰，上饰辫索纹；茎中部有两个方形穿。

铜剑

战国至西汉
通长26、最宽13厘米
1980年普安铜鼓山遗址采集，现藏于贵州省博物馆。
喇叭形空首，剑身起脊，剑刃中段向外撇开，又急收成锋，形成曲刃。茎上饰几何形人字纹、卷云纹、心形纹等，脊上装饰矢状纹。

铜剑

战国至西汉

通长36.5、宽15.5厘米

1999年安龙龙广出土，现藏于安龙县文物管理所。

茎后部外展成一横长柄使剑柄呈T形，剑格较窄，剑身短，锋部尖锐。剑茎饰有细密纹饰和镂孔。

铜剑

西汉前期

通长27.5、最宽3.7厘米

1978年威宁中水出土（编号M4：1），现藏于贵州省博物馆。

造型似矛，剑身柳叶形，中部起脊，无格，茎两侧有芒刺，后端为圆形。

铜剑

西汉前期

长37.5、最宽4.5厘米

1978年威宁中水出土（编号M34：1），现藏于贵州省博物馆。

首蛇头形，剑身柳叶形，茎与剑身套接成束腰状。扁圆空心茎上有多个三角形镂孔，上饰长线条纹。

铜柄铁剑

西汉前期

通长31.7、最宽2.7厘米

1978年赫章可乐锅落包出土（编号M194：2），现藏于贵州省博物馆。

喇叭形空首，扁圆茎，一字格，格下铜套套铁质柳叶形剑身。首上有条状镂孔，茎部饰几何纹。

铜柄铁剑

西汉前期

通长28.1、茎长11.4、剑身长16.7、茎首宽4厘米

2000年赫章可乐罗德成地出土（编号M324∶1），现藏于贵州省文物考古研究所。

茎首镂空牌形，茎上有数周凸棱状箍圈，茎首箍圈和剑格箍圈之间饰云雷纹、卷云纹及小乳钉等，茎中部有呈直线的两个圆形穿孔。剑身柳叶形，剑体短，中部起脊不明显，剑锋近弧形。

铜柄铁剑

西汉前期

通长48.5、茎长11.7、剑身长36.8、茎首宽4.7厘米

2000年赫章可乐罗德成地出土（编号M273∶6），现藏于贵州省博物馆。

剑茎和剑身分铸套接，青铜剑茎，铁质剑身。茎首镂空牌形，剑身柳叶形，剑体长，前锋残。茎上有数周凸棱状箍圈，箍圈上饰辫索纹。

铜戈

战国中期

通长23.7、援长17.2、内长6.5、阑宽10.2厘米

2000年赫章可乐罗德成地出土（编号M356：3），现藏于贵州省博物馆。

弧线三角形援，无胡，直内，中部起圆柱状脊，近阑处隆起一圆形穿，阑侧有二长方形小穿，阑略向援部弯曲，内上一长方形穿。

铜戈

战国晚期

通长25、内长8.5、阑宽9.8厘米

1978年威宁中水梨园采集，现藏于贵州省博物馆。

内首W形，援三角形，内端图案为一兽面，援中部起椭圆形脊，脊后端中部一穿孔，脊后有三角形齿纹，齿纹前各一圆形乳钉。

铜戈

战国晚期

通长21.8、援长16、内长5.8厘米

2000年赫章可乐罗德成地出土（编号M317：1），现藏于贵州省博物馆。

条形援，无胡，直内，内端略内凹，呈W形，内上铸三人牵手图案，接近阑正中铸减地浅浮雕双人图案。

铜钺

战国至西汉

通长8.2、刃宽4.8厘米

1980年普安铜鼓山遗址采集，现藏于贵州省博物馆。

器形窄长，弧刃，刃部两端向上卷曲，銎口内凹呈V字形，正对銎口下部两面铸“”形符号。

铜钺

战国至西汉

通长13.4、肩宽9.8厘米

2002年普安铜鼓山遗址出土（编号T71①：4），现藏于贵州省文物考古研究所。

钺身浑圆，銎口内凹，呈V字形，舌形刃，刃端近銎处内收形成斜肩，正对銎口下部两面铸“”形符号。

铜釜

西汉前期

最大口径44.3、通高32.8厘米

2000年赫章可乐罗德成地出土（编号M274:87），现藏于贵州省博物馆。

敞口，宽折沿，束颈，斜肩，鼓腹，圜底，肩腹处一道折棱。腹上部对称两只纵向辫索纹环形大耳；肩部对称饰一对圆雕立虎，虎昂首扬尾，颈部饰一项圈，项圈上饰贝纹，虎头后部饰一组卷云纹，虎身饰斑纹。器壁外布满烟痕，出土时侧置于头端套头。

铜釜

西汉前期
最大口径42.7、通高30厘米
2000年赫章可乐罗德成地出土（编号M273：1），现藏于贵州省博物馆。
敞口，宽折沿，束颈，斜肩，鼓腹，圜底，肩腹处一道折棱。折棱处对称两只纵向辫索纹环形大耳，腹部对称铺首衔环。器壁外布满烟痕，出土时侧置于头端套头。

铜釜

西汉前期

口径36.8、通高21.7厘米

1978年赫章可乐祖家老包出土（编号可乐M91：1），现藏于贵州省博物馆。

造型似铜鼓倒置，面、胴、腰、足各段分明。口沿加铸对称绹纹立耳，腰间两组对称小条形耳，底有烟炱。

铜釜

西汉前期

口径37、底径9.1、高26.2厘米

2000年赫章可乐罗德成地出土（编号M264：1），现藏于贵州省博物馆。

大喇叭口外侈，束颈，鼓腹，小平底。颈腹部两只对称纵向片状大环耳。外壁布满烟炱。出土时侧置套头。

铜釜

西汉前期

口径37.5、通高26.3厘米

1978年赫章可乐锅落包出土（编号M58：5），现藏于贵州省博物馆。

大敞口，束颈，圆鼓腹，圜底，底部正中一圆形垫圈。口沿上铸两只对称绳纹立耳。底和外壁满布烟炱。

鎏金铜鍪

西汉前期

口径6.4、足高2.5、通高10.8厘米

1978年赫章可乐祖家老包出土（编号M122：1），现藏于贵州省博物馆。

通体鎏金。敞口，长颈，圆鼓腹，圜底。肩部一绹纹环耳。

鎏金铜鍪

西汉前期

口径6、高10厘米

1978年赫章可乐出土（编号M33：1），现藏于贵州省博物馆。

器表鎏金。敞口，束颈，鼓腹，圜底。肩部一环耳。

铜锄

西汉前期
通长12.1、最宽13.2厘米
2002年普安铜鼓山遗址出土（编号T71①：3），现藏于贵州省文物考古研究所。
半弧形銎，銎正面呈脊状外凸。銎下正背面均有穿孔，双斜肩与侧刃呈角状相接。

铜锄

西汉前期
通长15.4、刃宽8.5厘米
1978年赫章可乐出土（编号M189：1），现藏于贵州省博物馆。
长条形，正面中部起脊，顶端半圆形銎，銎下一长条形穿孔，背面平整，刃部平齐。

铜削刀

战国至西汉

通长20厘米

1980年普安铜鼓山遗址出土（编号T5③：28），现藏于贵州省博物馆。

扁薄，柄端有一圆形穿。柄中部有一组双凸线。

铜削刀

西汉前期

通长23厘米

1978年威宁中水征集（编号采：38），现藏于贵州省博物馆。

刀柄扁平，身长，刃锋上翘。

铜甬钟

战国中晚期

甬径6.7～10、铣间距34、通高70厘米

1997年正安杨兴出土，现藏于贵州省博物馆。

呈合瓦状，圆柱形甬下部有旋和干；钟体两面各有18个钉形枚，钟身三分之二处有圆箍一道，铣斜直，作月牙形。

铜羊角纽钟

战国至西汉

钟口宽17.3、通高29.5厘米

1987年安龙龙广出土，现藏于黔西南布依族苗族自治州博物馆。

钟身扁圆，有侧棱，圆弧形顶端侈出二羊角状纽，钟口平直，横断面呈阔叶形。顶面下方有长方形穿孔，孔径4厘米×2厘米。

铜錞于

战国晚期

盘径25～30、肩径34、通高55厘米

2001年正安杨兴出土，现藏于正安县文物管理所。

器身直筒状，盘径小于肩径，盘内塑一长尾立虎为纽。

铜錞于

西汉前期
盘径24、肩径28、通高45.5厘米
1962年松桃木树出土，现藏于贵州省博物馆。
器身直筒状，盘径小于肩径，盘周有粗弦纹，盘内塑一长尾立虎，立虎前后左右铸桥形纹、鱼纹、五铢钱等。

铜鼓

西汉前期

面径45.5、胴径47.3、足径48.8、高24.5厘米

1957年赫章辅处罗锅寨出土，现藏于贵州省博物馆。

石寨山型铜鼓。双合模浇铸，胴、腰、足三段分明，鼓面稍出沿，胴部圆凸，束腰，腰足间一折棱。腰间四短扁耳。鼓面正中一光体，外有九角光芒，芒间夹圆圈纹和复线三角纹，芒外八晕，主晕间六只翔鹭。鼓胴四组竞渡船纹，船上站立羽冠舞人一至四人不等。腰分为四格，格内各立长角牛一头。

铜鼓

西汉前期
面径41.7、胴径45、足径46.5、高25.5厘米
1978年赫章可乐祖家老包出土（编号M153：3），现藏于贵州省博物馆。

石寨山型铜鼓。胴、腰、足三段分明，鼓面出沿，胴部扁圆，束腰，腰足间一折棱。鼓面正中一光体，外有八角光芒，其外晕圈七周，晕间六只翔鹭。胴部为竞渡纹，共六组，每组船上站立羽冠舞者六至八人。腰部共六格，格中饰立牛。出土时侧置用于套头葬。

铜铃

西汉前期

铃口径15.4、纽宽4.7、通高27.5厘米

2012年赫章可乐农场出土（编号M373：7），现藏于贵州省文物考古研究所。

整体呈钟形，上端略宽，椭圆形平齐铃口，圆弧形顶部正中有一桥形纽，铃舌缺失。铃身残留有纺织物残迹。

铜铃

西汉前期

铃口径9.4、纽宽3.6、纽高1.6、舌长6、通高11.6厘米

2012年赫章可乐农场出土（编号M373：5），现藏于贵州省文物考古研究所。

桶形，上小下大，底口平面呈椭圆形，顶部弧形，桥形纽，中空，柱状铜舌。铃身正面饰人面纹。

铜带钩

战国晚期

长29.4、最宽3.9厘米

2000年赫章可乐罗德成地出土（编号M356：2），现藏于贵州省博物馆。

琵琶形，钩体大，钩身扁平似琵琶，钩背一圆纽。钩面饰勾连纹，纹饰浅槽错金丝。

铜带鉤

西汉前期

长10、宽3.5厘米

1978年威宁中水梨园出土（编号M19：12），现藏于贵州省博物馆。

琵琶形两侧斜出四翼，状如鲵鱼。钩背有“日利八千万”阴刻隶书铭文。

铜带鉤

西汉前期

长10.3、宽3.3厘米

1978年威宁中水梨园出土（编号M7：1），现藏于贵州省博物馆。

状似牛头，双尖角向后伸出呈半圆形，背面一角上铸弯曲钩头，一角上铸圆纽。

铜带钩

西汉前期

长7.1、宽3厘米

1977年威宁中水马家院子采集，现藏于贵州省博物馆。

整体呈狮子形，尾平直并向前方弯曲成钩，身背面中心铸有圆形纽。狮昂首，耳略长，大眼圆睁，张口，露出尖牙，前脚趴地，后腿弓起，呈行走状。

铜带钩

西汉前期

长7、宽3.7厘米

1979年威宁中水采集，现藏于贵州省博物馆。

整体呈飞鸟形，鸟首向前弯曲成钩，背上中心铸有圆形纽，鸟平展双翅作飞翔状。

铜手镯

战国晚期

最大径6.4、片宽2.95、最厚0.25厘米

2000年赫章可乐罗德成地出土（编号M365：8），现藏于贵州省博物馆。

镯面较宽，中部平行两道凹槽，槽内镶嵌两列圆形孔雀石薄片。

铜手镯

西汉前期

最大径7.7、片宽3.93、厚0.25厘米

2000年赫章可乐罗德成地出土（编号M356：5），现藏于贵州省博物馆。

镯口一侧大一侧小，镯面正中平行三道凹槽，槽内镶嵌孔雀石薄圆片，圆片中心有小孔，中间凹槽较窄，镶嵌一列圆形孔雀石薄片，上下凹槽各镶嵌两列圆形孔雀石薄片。

铜手镯

西汉前期

最大径6.5、片宽1.15、厚0.25厘米

2000年赫章可乐罗德成地出土（编号M341：20），现藏于贵州省博物馆。

共19件。镯口上下端略外侈，中部略束，镯面正中镶嵌孔雀石薄圆片，圆片中心有小孔。

铜臂钏

西汉前期

口径6.6～7.6、通长18.6厘米

1979年威宁中水梨园出土（编号M43：1），现藏于贵州省博物馆。

薄片卷成长筒状，一端窄一端宽。中部有平行切口，每排4道，上下共10排。

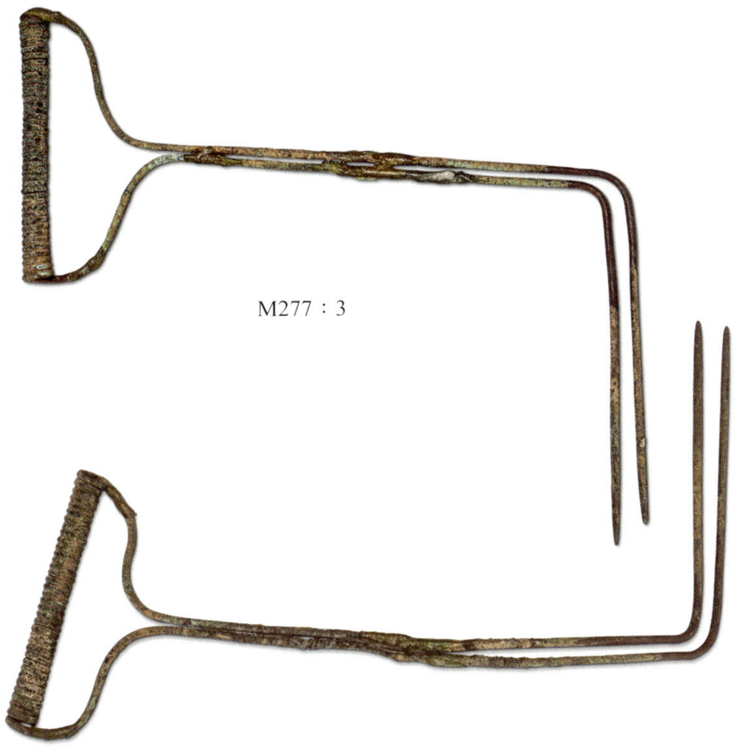

M277：3

M277：9

铜发钗

战国晚期

M277：3，篦长8.8、通长30.2厘米；M277：9，篦长8.3、通长31.2厘米

2000年赫章可乐罗德成地出土（编号M277：3、M277：9），现藏于贵州省博物馆。

篦形首用铜条绕成，无间隙，钗脚中前部弯曲为90°直角。

铜发钗

战国晚期

M298：2，长14.5厘米；M298：3，长14.2厘米

2000年赫章可乐罗德成地出土（编号M298：2、M298：3），现藏于贵州省博物馆。

整体呈长U形，双股前端靠拢，铜条断面呈圆形，条端略呈锥形。

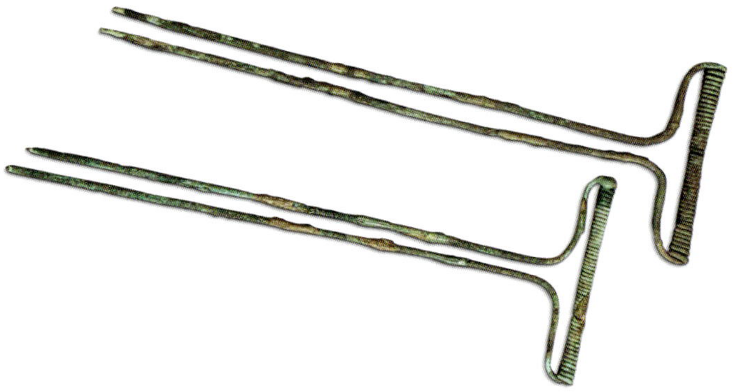

铜发钗

战国晚期

M350：4，簧长9.2、通长25.4厘米；

M350：5，簧长8.8、通长25.9厘米

2000年赫章可乐罗德成地出土（编号M350：4、M350：5），现藏于贵州省博物馆。

簧形首用铜条绕成，无间隙，两端铜条回折至中部，再折伸向前，条端略呈锥形。

铜扣饰

西汉前期

长16.2、宽15.4厘米

2012年赫章可乐农场出土（编号M373：3），现藏于贵州省文物考古研究所。

略呈椭圆形，正面上额及眼、嘴、耳部内凹并用孔雀石珠镶嵌，鼻隆起，背后有一横向挂钩。

铜戒指

西汉前期

环径2.7、戒面径1.7厘米

2000年赫章可乐罗德成地出土（编号M308：5），现藏于贵州省博物馆。

戒面圆形片状，铸九瓣菊花纹。环条接口位于中部，可见两相叠压斜面痕。中部突起一个小乳钉，戒面及环条留有较粗打磨痕。

铜柲帽

西汉前期

立虎高2.7、通长4.6、通高5.6厘米

2000年赫章可乐罗德成地出土（编号M274：89），现藏于贵州省博物馆。

柲帽呈僧帽形，帽体横剖面为尖叶形，中部凸起一周辫索纹，帽口前端一条状缺口，中部对穿两圆形穿。帽顶铸一圆雕立虎，口微张，尾上扬反卷，前肢平曲趴地，后肢弓状下蹬，虎身满饰长条斑纹。

铜印

西汉前期

边长1.3、高1.4厘米

2000年赫章可乐出土（编号M274：42），现藏于贵州省博物馆。

铃状，印面方形，桥形纽。印文“敬事”。

战国至西汉前期

铁　器

铁剑

战国晚期

通长24.6、剑身中部宽2.8厘米

2000年赫章可乐罗德成地出土（编号M331：2），现藏于贵州省博物馆。

柳叶形，剑身与茎弧线相连，双刃弧线汇于锋尖，剑身中部较厚，锈蚀严重不可辨是否起脊，茎部残留木痕。

环首铁刀

战国晚期

通长20.8、刀身长11.4、环首长径3.15厘米

2000年赫章可乐罗德成地出土（编号M296：7），现藏于贵州省博物馆。

柄与刀身基本等宽，柄呈扁方条形，环首略呈圆角长方形，由铁条锻细后回折，再弯曲成环，柄端略凸入环内。

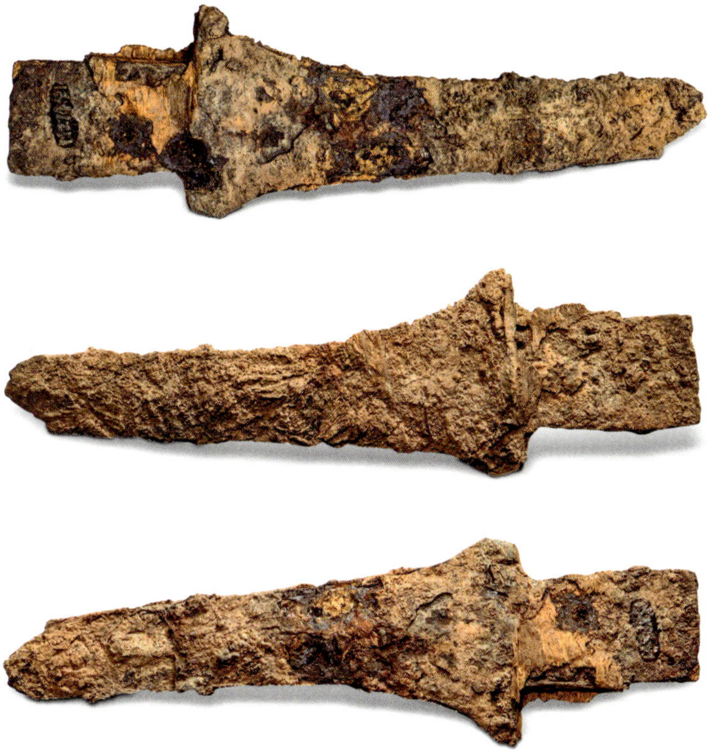

铁戈

西汉前期

通长24.6厘米

2000年赫章可乐罗德成地出土（编号M274:91），现藏于贵州省文物考古研究所。

无胡，长条形援，援后部弧形外展，援中部较厚，近阑处有二长方形穿，阑微残，长方形直内，内上无穿。

铁镢

西汉前期

通长11.2、刃宽4.6、銎口宽4.75、厚3厘米

2000年赫章可乐罗德成地出土（编号M360：1），现藏于贵州省博物馆。

銎口呈长方形，刃部窄、短、微弧，刃口偏斜，单面刃，刃不锋利。

战国至西汉前期

玉石器

玉璜

战国晚期

外弧长4.85、厚0.15厘米

2000年赫章可乐罗德成地出土（编号M312：2），现藏于贵州省博物馆。

透闪石。圆弧形片状，璜体薄，外沿磨成弧形薄口。郭外一侧略凸起一条形装饰，长1.3厘米。一端附近有一圆形穿，另一端附近有二圆形穿。

玉玦

战国晚期

长2.6、宽2.4、厚0.2厘米

1978年赫章可乐锅落包出土（编号M187：8），现藏于贵州省博物馆。

2件。灰绿色。方形，中间一圆穿孔，其中一件一角还有一小圆孔。

玉玦

战国晚期

最大外径5.85、内孔径1.46、最厚0.25厘米

2000年赫章可乐罗德成地出土（编号M341：6），现藏于贵州省博物馆。

青灰色透闪石。带冠璧形，外圆不甚规整，郭外对称雕四个冠状装饰，每冠六齿，玦口从两面切磨通，口面呈三角形。

石钺范

战国至西汉

残长14.4、最宽处14.6、厚3.2厘米

1979年普安铜鼓山遗址出土，现藏于贵州省博物馆。

砂岩。中部内凹作钺形，上有“ ”形符号，两侧边上有细凹槽。

石戈范

战国至西汉

残长9、宽6.8、厚3厘米

1980年普安铜鼓山遗址出土（编号T20③：4），现藏于贵州省博物馆。

砂石。长方形，面平，背微弧，平面刻喇叭状浇口及残存刃锋，背面有一道合范时缚绳的横向阴线槽，浇口及连接的刃锋部位因浇铸时高温呈红褐色。

石戈范

战国至西汉
残长5.8、残宽3.8厘米
2002年普安铜鼓山遗址出土（编号T110②：8），现藏于贵州省文物考古研究所。
砂岩。范面及顶面平直，背面中部为鼓凸状脊，两侧残。内首人物图案有二人完整，一人仅存半部，人顶呈W形内卷，人物前方为长方形穿。

石剑范

战国晚期
残长10.7、最宽6.7厘米
2002年普安铜鼓山遗址出土（编号T101④：9），现藏于贵州省文物考古研究所。
砂岩。范面及两侧壁平整，背面圆弧。残存剑身近锋部，范位于正中，通体呈黑褐色，中脊内凹，锋尖锐。

石剑范

西汉前期

残长8.4、宽5.8厘米

2002年普安铜鼓山遗址出土（编号T77①:1），

现藏于贵州省文物考古研究所。

砂岩。正面平，中部凿成剑茎范，茎首外撇成圆首，柄部呈圆形，中部略内弧。

石鱼钩范

战国至西汉

长8、宽7.8、厚1.15厘米

1980年普安铜鼓山遗址出土（编号T40①:1），

现藏于贵州省博物馆。

砂岩。器形完整，浇口微残，一面有“U”形鱼钩及倒刺。

石剑茎模

战国至西汉
残长6、直径1.3～2.9厘米
1980年普安铜鼓山遗址出土（编号T13②：2），现藏于贵州省博物馆。
砂岩。茎端较大，中部小，断面呈椭圆形。上刻弦纹、卷云纹、云雷纹和对称几何纹等图案。

石剑茎模

战国至西汉
残长6厘米
1980年普安铜鼓山遗址出土（编号T57②：5），现藏于贵州省博物馆。
砂岩。喇叭状，一面刻涡纹、三角齿纹、乳钉纹、弦纹及叶纹，茎后部用弦纹和乳钉纹组成心形图案。

战国至西汉前期

陶　器

陶单耳罐

战国晚期

最大口径10.4、底径5.65、高12.3厘米

2000年赫章可乐出土（编号K4：1），现藏于贵州省博物馆。

夹砂褐陶。口平面略呈桃形，似带流状，盘口，盘沿较宽、略内凹，高直领，鼓腹，平底。口沿下至肩置一片状桥形耳。素面。

陶单耳罐

战国晚期

口径8.75、底径6.5、高12.9厘米

2000年赫章可乐罗德成地出土（编号M322：1），现藏于贵州省博物馆。

夹炭夹砂褐陶。折沿，束颈，溜肩，鼓腹有折棱，下腹内收，矮圈足。口肩部有一单鋬耳，腹部对称四乳钉，乳钉上侧肩部有刻划细线和戳点组成的纹饰。

陶折腹罐

战国中晚期

最大口径8.6、足径6.63、高12.8厘米

2000年赫章可乐罗德成地出土（编号M266∶1），现藏于贵州省文物考古研究所。

夹砂夹炭红褐陶。沿面微弧，尖圆唇，束颈，折腹，矮圈足，足内沿呈斜弧面。折腹部对称饰四枚乳钉。乳钉上部饰三周戳印纹。

陶折腹罐

战国中晚期

最大口径9.06、底径6.85、高13厘米

2000年赫章可乐罗德成地出土（编号M340∶1），现藏于贵州省文物考古研究所。

夹炭夹砂褐陶。折沿，束颈，溜肩，鼓腹，腹部有折棱，矮圈足。素面。

陶单耳杯

战国晚期

口径6.32、足径5.25、高6.75厘米

2000年赫章可乐罗德成地出土（编号M338∶1），现藏于贵州省文物考古研究所。

夹炭褐陶。敛口，尖圆唇，圆鼓腹，圈足。肩腹部置一只片状桥形耳。腹上部对称饰三枚乳钉。

陶豆

战国晚期

口径11.5、足径13.5、高16厘米

2004年威宁中水银子坛出土（编号04M40∶2），现藏于贵州省文物考古研究所。

夹砂灰白陶。大盘，高圈足，上有四道长方形镂孔。素面。

陶瓶

西汉前期

口径8.7、底径3.5、高11.5厘米

1978年威宁中水梨园出土（编号M21：12），现藏于贵州省博物馆。

夹细砂灰陶。整体器形似觚，大口外敞，短直颈，腹微鼓，足内敛，小平底。腹部正中有一刻划符号。

陶坩埚

战国晚期

口径3.4、高4.2厘米

2002年普安铜鼓山遗址出土（编号T65③A：3），现藏于贵州省文物考古研究所。

夹砂红褐陶，胎厚。捏制，口沿不规则，并捏出似流状浇口。圆唇，束颈，深腹，圜底。内胎壁胶结并残存铜液痕。

战国至西汉前期

其　他

木镯

战国晚期

长约16.2、片宽1.7厘米

2000年赫章可乐罗德成地出土(编号M341∶30),现藏于贵州省文物考古研究所。

用树木韧皮制片，弯曲成环状，C形不封口，缺口两端各钻一个小孔。

骨玦

西汉前期

M274：44、内径5.25、外径7.35、玦口距0.15厘米；M274：45、内径5.4、外径7.35、玦口距0.16厘米；M274：83、内径5.6、外径7.35、玦口距0.25厘米；M274：85、内径5.75、外径7.25厘米

2000年赫章可乐罗德成地出土（编号M274：44、M274：45、M274：83、M274：85），现藏于贵州省博物馆。

4件。牙白色，部分铜锈绿色。M274：44，整体等厚；M274：45，玦面倾斜；M274：83，整体等厚；M274：85，玦口一侧残。偏心环状，内圆圆心略偏向玦口侧，玦面整体向玦口侧倾斜变薄，玦口两沿呈倾斜三角面。

M274：44

M274：45

M274：83

M274：85

骨簧

战国晚期

残长7.3、厚0.3厘米

1980年普安铜鼓山遗址出土（编号T2②：2），现藏于贵州省博物馆。

宽窄不一，中部有二圆穿孔。两面钻大小不一的圆涡纹。

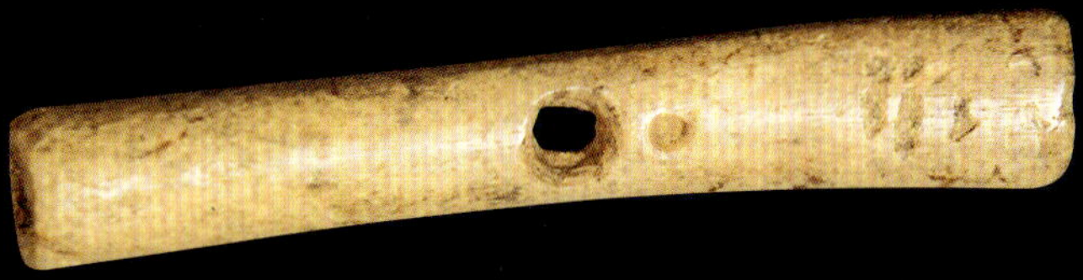

穿孔骨管

战国晚期

长5.6、直径0.9厘米

2002年普安铜鼓山遗址出土（编号T81③：1），现藏于贵州省文物考古研究所。

圆柱管状，通体打磨光滑，中间钻一圆孔。

骨饰

战国晚期

长3.9、宽1.6、厚0.2厘米

2002年普安铜鼓山遗址出土（编号T84①：3），现藏于贵州省文物考古研究所。

长条牌形，通体打磨光滑，中部钻有一椭圆形孔，两侧端刻成锯齿状或弧形。

贵州考古出土文物精粹

西汉前期至东汉

貴州

西汉前期至东汉

陶　器

陶蒜头壶

西汉

口径2.6、高30.6厘米

2008年务川大坪江边M14出土，现藏于中国仡佬族文化博物馆。

泥质灰陶。口沿呈蒜瓣状凸起，细长颈，扁鼓腹，平底。颈部有两周凸箍。

陶壶

西汉

口径（盖）14、通高45.6厘米

2010年务川大坪江边M47出土，现藏于中国仡佬族文化博物馆。

泥质灰陶，口沿及颈部内侧涂红彩。侈口，束颈，圆鼓腹，圈足。弧形盖，盖上有三乳钉。

釉陶壶

东汉

口径11.9、足径12.3、高29厘米

2014年平坝夏云尹关、母猪龙潭汉墓群出土（编号M78：1），现藏于贵州省文物考古研究所。

泥质黄褐陶，圈足以上器身表面施酱釉。直口，方唇，长颈，鼓腹，高圈足。颈肩部同一高度有对称的双系和两个铺首衔环耳。

陶博山炉

西汉
高14厘米
2015年习水黄金湾遗址M24出土，现藏于贵州省文物考古研究所。
泥质黄褐陶。由器身和器盖构成，器身较小，敞口，圜底，腹部饰一周三角形镂空纹，近口沿处饰两周凹弦纹；弧形器盖较器身大，顶部以下饰四周三角形镂空纹，顶部有四个三角形气孔，气孔中间有一圆柱形盖纽，盖纽中空。

陶豆

西汉
口径12.2、足径14.5、高18.2厘米
1978年赫章可乐出土（编号M177：12），现藏于贵州省博物馆。
夹砂灰陶。敛口，圆唇，盘形腹，空心柱形柄，喇叭形圈足。腹部一周饰镂空几何纹和刻划双鱼纹。

陶罐

西汉

最大口径23.2、底径14、高33.2厘米

2000年赫章可乐出土（编号M281：6），现藏于贵州省博物馆。

夹砂红褐陶，泥条盘筑制作。敞口，折沿，束颈，鼓腹，平底。口沿至肩部一片状半环形耳，腹中下部一乳钉状鋬。

陶罐

西汉

口径12.45～12.7、高16.3厘米

2000年赫章可乐出土（编号M281：12），现藏于贵州省博物馆。

夹砂褐陶。侈口，弧腹，平底。口沿与上腹部间置一片状半环形单耳。口沿另一侧饰小段齿状附加堆纹，腹上部饰方格纹，下部饰绳纹。

陶罐

东汉

口径14.4、底径17、高26.1厘米

1954年平坝金家大坪平M2出土，现藏于贵州省博物馆。

泥质灰褐陶。直口，口外有一棱，圆鼓腹，平底。肩上饰一周锯齿纹。

陶罐

东汉

口径19、底径20.5、高35厘米

1987年兴仁交乐出土，现藏于黔西南布依族苗族自治州博物馆。

泥质灰胎硬陶，外施酱黄釉。卷沿，圆唇，矮颈，深鼓腹，平底。腹中部以上以拍印的斜方格纹作底，加饰拍印“五铢”钱纹。

釉陶罐

东汉

口径11.9、底径17.2、高25.4厘米

1966年平坝马场万人坟M37出土，现藏于贵州省博物馆。

泥质灰白胎硬陶，器外及口沿内壁施深绿色闪黄开片釉，现大部分已脱落，仅肩部以上及口沿内部可见。直口，圆唇，矮束颈，椭圆腹，平底。腹部四系耳已残，下腹部刻有隶书铭文33字："永元十六年正月廿五日为古沉，四耳包面，小口，中可都酒，行贺吉祠。古沉直金廿五"。

釉陶罐

东汉

口径14.1、底径16.3、高20.7厘米

2014年平坝夏云尹关、母猪龙潭汉墓群出土（编号M80：2），现藏于贵州省文物考古研究所。

泥质灰褐陶，上腹部施黄褐釉。口微侈，圆唇，短颈，腹微鼓，平底略内凹。肩部对称分布四系。肩部和腹部各饰一周凹弦纹。

釉陶罐

东汉

口径15、底径16.3、高20厘米

2014年平坝夏云尹关、母猪龙潭汉墓群出土（编号M81：1），现藏于贵州省文物考古研究所。

泥质灰陶，通体施酱釉，釉层较薄，局部脱落。直口，圆唇，短颈，鼓腹，平底略内凹。唇下有一周凸起的棱，肩部两个对称桥形系。过耳饰一周凹弦纹。

陶瓦当

东汉

直径15.8、厚1厘米

1996年安顺宁谷龙泉寺遗址出土（编号971⑤：3），现藏于贵州省文物考古研究所。泥质灰陶。当面中心饰一乳钉，外分四格，每格中各有一隶书铭文，合起来为“长乐未央”四字，文字外饰一周放射状凸短线纹。

陶瓦当

东汉

直径13、厚约1厘米

1996年安顺宁谷龙泉寺遗址出土（编号974④：1），现藏于贵州省文物考古研究所。夹砂灰褐陶。当面饰车轮纹，其外饰一周凸短斜线纹。

陶井

东汉

井高20.8、吊桶高10.5、轱辘直径7、通高44厘米

1959年清镇芦荻哨清M54出土，现藏于贵州省博物馆。

泥质灰陶。由井身、吊桶、轱辘三部分组成。井身桶形，上有一方形平台；吊桶两侧有耳以系绳，轱辘为圆形，中心一孔，轱辘沿边一槽，绳索穿在桶耳，纳入凹槽，便可很轻巧地将井水提上来（木井架及吊绳为复制品）。

陶灶

东汉

灶长32、宽16、高11厘米，灶眼直径6.6厘米

1987年兴仁交乐出土（编号M6：42），现藏于黔西南布依族苗族自治州博物馆。

泥质灰陶。长方形，双眼，半圆烟道，灶门及灶面一部残缺。

陶碓

东汉

底座长34.5、宽27厘米

1958年清镇琊陇坝汉墓出土，现藏于贵州省博物馆。

泥质灰褐陶。分碓架、碓臼、碓舂、托板四个部分。碓臼为直口方形；碓舂，短平，中部有凹槽；碓架有横枋架于两碓舂之间，其下连以扁体踏板。

陶屋

东汉

上层宽39.5、进深31、通高53厘米

1978年赫章可乐出土（编号M24：14），现藏于贵州省博物馆。

泥质灰陶。长方形，分上、下两层，底层系碓房，上层为居室。居室为前廊后室结构，中部开单扇门。廊前设一方形立柱，廊两侧各设一段栏杆。悬山式顶，两坡拍印板瓦，前坡中部近檐口处刻隶书“前”字。后壁及两壁均刻有柱、枋线条。

陶屋

东汉

顶长49.1、顶宽31.3、通高38.4厘米

2015年习水黄金湾出土（编号M24：58），现藏于贵州省文物考古研究所。

泥质灰褐陶。前廊后室结构。廊前立有两柱，廊两侧各设一段实体栏杆。壁中部开有一单扇门。悬山式顶，正脊两侧起翘，脊上及房顶两面坡上凸起瓦垄，其上拍印筒瓦，瓦垄间拍印板瓦。后室前壁刻划有柱、枋线条。

陶屋

东汉

底座长56.2、宽33.3、厚1.1厘米，顶部面阔57.2、进深30.5厘米，通高51.7厘米

2011年赤水万友号崖墓出土，现藏于赤水市博物馆。

泥质灰褐陶。长方形底座。上下两层，前为廊道，下层廊道为简单立柱十根，上层廊道可见有斗拱式立柱五根。顶呈长方形，有纵横两个长方形孔，屋顶前部及左右两侧翘角飞檐。

陶陂塘水田

东汉

长29.3、宽22.6厘米

2008年务川大坪江边M28出土，现藏于中国仡佬族文化博物馆。

泥质灰陶。长方形浅盘状，分陂塘和水田两部分，陂塘一侧面积较大，塘中塑有田螺等；水田一侧较小，由数条田埂将其分为三排，每段田埂皆留有缺口，以利陂塘、水田两侧及各块水田之间的水相互贯通。

陶陂塘水田

东汉

口径44.5～46.2、底径39.5、高8.4厘米

1976年兴义万屯出土（编号M8：32），现藏于黔西南布依族苗族自治州博物馆。

泥质灰陶。圆盆形，内有一道堤坝将陂塘、水田分为两部分。陂塘内有鱼、荷叶、莲蓬等，水田被田埂分隔成四小块，每块田里刻有整齐的秧苗，且田内都有通水缺口，陂塘与水田之间有通水涵洞一个。

陶水塘

东汉

残长29.2、高7.6厘米

2015年习水黄金湾遗址M9出土，现藏于贵州省文物考古研究所。

泥质黄褐陶。整体呈椭圆形，仅剩陂塘一侧，水田一侧残，陂塘前侧有一堤坝将其与水田隔开，塘中塑有一船和一螺，船后端有一人，手持船桨做划船状，反映了生动的田园景象。

陶说唱俑

东汉

高22厘米

1999年兴仁交乐出土（编号M19：19），系公安机关追缴涉案文物，现藏于黔西南布依族苗族自治州博物馆。

泥质灰陶。手制，中空。戴瓜形圆帽，脸微上仰，张口吐舌，笑态可掬。双手残佚，左腿半弓于前，右腿斜撇向后。上身袒露，大腹便便，足穿翘头靴。裤腰及靴身戳印圆圈纹。

陶听乐俑

东汉

高31.5厘米

1999年兴仁交乐出土（编号M19：21），系公安机关追缴涉案文物，现藏于黔西南布依族苗族自治州博物馆。

泥质灰陶。手制，中空。戴巾帻，着圆领衫，外罩右衽长袍。跽坐，右手抚腿，左手捂耳，作聆听状。

陶吹箫俑

东汉

高36厘米

1999年兴仁交乐出土（编号M19：20），现藏于黔西南布依族苗族自治州博物馆。

泥质灰陶。手制，中空。着圆锥形尖顶高冠，上戳印圆圈纹。隆鼻大眼，双耳悬有环状耳饰。跽坐，双手执箫，上端与唇相连，下端置于两膝之间，中间部分残断。

陶舞蹈俑

东汉

高17厘米

1960年赫章可乐出土（编号M3：9），现藏于贵州省博物馆。

夹砂褐陶，正面黑褐色，背面黄褐色。长裙大袖，头上裹巾。跽坐，双膝向左弯曲，右手扶膝，左手托腮，昂首哈笑，似作歌舞之姿。

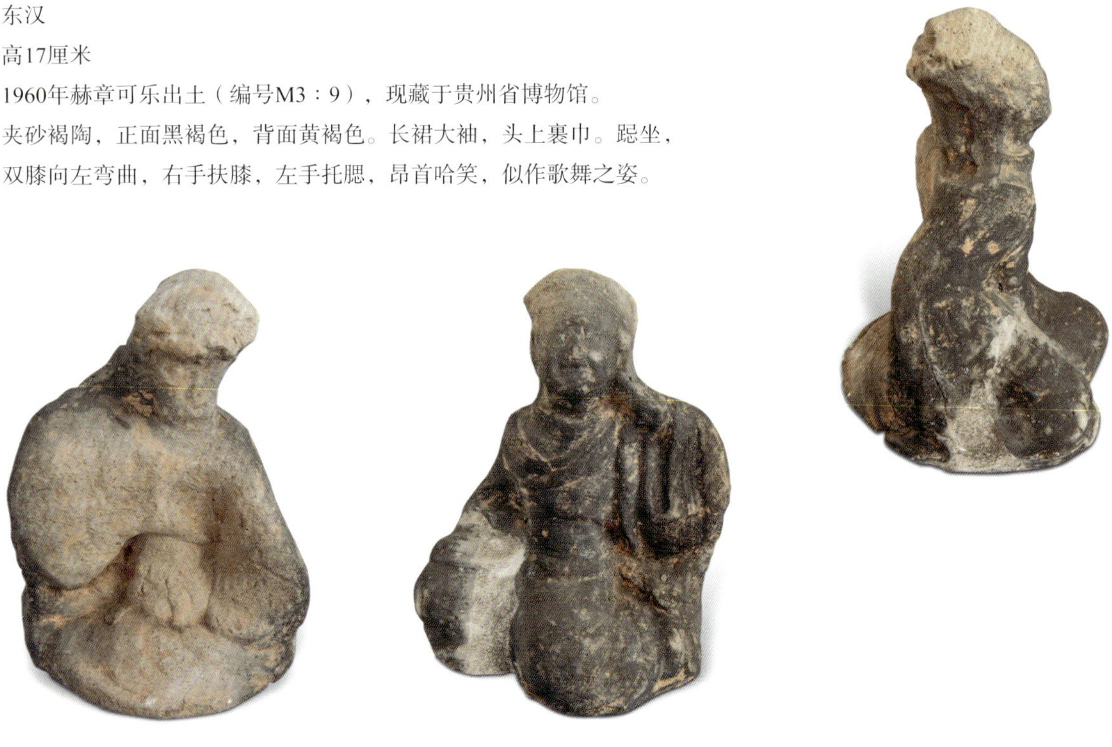

陶舞蹈俑

东汉

高12.5厘米

1972年黔西罗布垮M12出土，现藏于贵州省博物馆。

夹砂黑褐陶。头戴巾帻，着右衽长袍。跽坐，右手扶膝，左手高扬，头微仰，眉开眼笑，作舞蹈状。

陶抚耳俑

东汉

高26厘米

1987年毕节双树湾汉墓出土（编号M1：6），现藏于毕节市博物馆。

泥质灰褐陶。头戴弧形高帽，高鼻大耳，身着长袍，左手曲于胸前，右手捂耳。

陶抚筝俑

东汉

通高11.2厘米

1972年黔西罗布垮M12出土，现藏于贵州省博物馆。

泥质灰褐陶。着右衽长袍，跽坐，筝放膝上，两手作弹筝状。

陶捣臼俑

东汉

高25厘米

1987年毕节双树湾汉墓出土（编号M1：11），现藏于毕节市博物馆。

泥质灰褐陶。头戴圆帽，高鼻大耳，面部模糊，身穿及地长袍，腹部一臼状物，双手持棒作捣臼状。

陶庖厨俑

东汉
高23.2厘米
1987年毕节双树湾汉墓出土（编号M1：8），现藏于毕节市博物馆。
泥质灰褐陶。头戴巾帻，身穿及地长袍，腹前一几上置鱼一条，左手抚鱼，右手持一刀具。

陶马

东汉
长31.8、高24厘米
1987年毕节双树湾汉墓出土（编号M1：2），现藏于毕节市博物馆。
泥质灰褐陶。左脚前伸作行走状，马身配备鞍笼。

陶猪

东汉

长11、高5.1厘米

1972年黔西罗布垮M12出土，现藏于贵州省博物馆。

泥质灰陶，外施黑色陶衣。通体肥硕，前肢张开，俯身低头，张口作觅食状，身上用阴线刻画出鬃毛和线条。

陶狗

东汉

长24.4、高21.3厘米

2015年道真忠信团堡出土（编号M1：4），现藏于贵州省文物考古研究所。

泥质红陶。站立状，目视前方。

陶鸡

东汉

高28厘米

1987年兴仁交乐出土（编号M6：48），现藏于黔西南布依族苗族自治州博物馆。

泥质灰陶。立姿，昂首翘尾，两腿分立。

陶镇墓俑

东汉

高48.5厘米

1973年黔西甘棠M18出土，现藏于贵州省博物馆。

泥质红陶。头顶有横排柱状饰三个，两眼似铃，高鼻，大耳，嘴吐长舌垂至腰间，左臂上曲，右臂残。

陶镇墓兽

东汉
长29.5、高24.7厘米
1972年黔西罗布垮M12出土，现藏于贵州省博物馆。
泥质灰陶。外形似狗，后腿蹲屈，张口，齿外露，昂首瞪目，颈及胸部有饰带。

陶摇钱树座

东汉

底座长41.3、通高40厘米

2008年务川大坪江边M13出土，现藏于中国仡佬族文化博物馆。

泥质灰陶。椭圆形底座上塑一神兽辟邪，辟邪形态似狮，身形硕大，造型威严，身披羽翼，头出单角，张口怒目，四爪形足，昂首作奔走状。背有圆柱形插座，以置铜摇钱树。

陶摇钱树座

东汉

高33厘米

1987年兴仁交乐出土（编号M6：43），现藏于黔西南布依族苗族自治州博物馆。

泥质灰白陶。整体呈山形，中空，座顶正中有一圆形插口。整个器座由上下相连的三部分堆塑而成，底部塑有鹿、猴、鹤、羚、玄武等，排列一周围于座下；座上方塑一卧羊；羊背上盘踞一兽，兽身围绕插口盘旋一周。

陶摇钱树座

东汉

底径24.5、高34.1厘米

2008年务川大坪江边M29出土，现藏于中国仡佬族文化博物馆。

泥质灰陶。整体作钟形，正面塑有一座盘腿的动物造型，形象写意，器座顶部有一圆孔，以插入铜摇钱树。

西汉前期至东汉

青铜器

铜鼎

西汉

口径17、通高17厘米

1984年务川大坪江边出土（编号M7：1），现藏于中国仡佬族文化博物馆。

子母敛口，圆腹，圜底，蹄形三足，腹中上部饰凸弦纹一组三周，长方形附耳，耳上端略向外折，桥形提梁，两端各衔三扣提链，链、耳间以长方形铜环相接。带器盖，盖面中心为半环状纽，纽外饰柿蒂纹。

铜釜

西汉

口径8.7、高13.1厘米

1982年六盘水黄土坡出土，现藏于贵州省博物馆。

敞口，束颈，鼓腹，圜底，腹部一侧有龙首形长柄，龙首张开，柄下腹部铸三角形垫块。与柄相对一侧有一环耳。

铜釜

西汉

口径6.8、底径14、高20厘米

1992年赫章可乐烟站出土，现藏于赫章县文物局。

直口，溜肩，深鼓腹，圜底，肩部接一管状短流。肩部有对称铺首衔环。腹部饰两周凸弦纹。

铜三足提梁罐

西汉

通高14厘米

1978年赫章可乐出土（编号M8：51），现藏于贵州省博物馆。

器身直口，扁圆腹，圜底，三蹄足，肩部两立耳，立耳扣提链与龙首形提梁相连。弧形盖，顶有半环纽。

铜甑

西汉

口径20.5、高10厘米

1988年务川大坪征集，现藏于中国仡佬族文化博物馆。

敞口，宽折沿，方唇，盆形腹，平底，矮圈足。腹部两侧有一大一小两个环耳，器底有九个条形镂孔。

铜鍪

西汉

口径13、高13.8厘米

2010年务川大坪江边M45出土，现藏于中国仡佬族文化博物馆。

侈口，长颈，折肩，弧腹，圜底。肩腹交界处有一大一小两个环耳。

铜鍪

西汉

口径20.6、高17.9厘米

2008年务川大坪江边M9出土，现藏于中国仡佬族文化博物馆。

敞口，束颈，鼓腹，平底。肩部有对称环耳。腹部饰数周凸弦纹。

铜蒜头壶

西汉

口径2.7、足径13、高37厘米

1983年务川大坪江边出土（编号M2：1），现藏于中国仡佬族文化博物馆。

小口，浅直唇，口沿下作蒜头状，蒜瓣呈垂条形，细长颈，颈中下部有一周凸箍，广斜肩，扁鼓腹，圜底，矮圈足。

铜蒜头壶

西汉

口径2.5、底径12.4、高29厘米

2013年务川大坪江边征集，现藏于中国仡佬族文化博物馆。

蒜头口，短粗颈，颈中部有一周凸箍，圆鼓腹，矮圈足。底部有一半圆形纽。

铜蒜头口扁壶

西汉

口径2.6、宽35.5、高28.5厘米

2010年务川大坪江边M47出土，现藏于中国仡佬族文化博物馆。

蒜头口，短颈，扁平腹呈椭圆形，腹身从边缘沿一浅一深两道凹槽向中部呈阶梯状隆起，长方形圈足略外撇。底外侧有一环。

铜壶

西汉

口径14、足径18.5、高34.8厘米

1978年赫章可乐M10出土（编号M10：24），现藏于贵州省博物馆。

侈口，平唇，颈内收，圆鼓腹，圈足外撇。腹部有三周带状弦纹，两侧有铺首衔环一对。

铜壶

西汉

口径7.2、通高18厘米

1978年赫章可乐出土（编号M8：52），现藏于贵州省博物馆。

盘口，束颈，扁圆腹，喇叭形圈足。弧形器盖，盖顶一环纽。腹部两侧有对称半环耳。弧形对称龙首提梁，龙首各衔一环与提链相扣，提链底端通过一大圆环与腹部环耳相接，盖顶环纽另有一提链与一侧龙首衔环相扣。

铜壶

东汉

底径20.3、通高36.5厘米

1987年兴仁交乐出土（编号M8：3），现藏于黔西南布依族苗族自治州博物馆。

盘口，束颈，扁鼓腹，平底，圈足外撇，足部有折棱，腹部饰数周凸弦纹，肩上有一对铺首衔环，衔环接提链与龙首形提梁相扣。子母口器盖，盖顶中部有半球纽，内穿一环，纽外饰柿蒂纹，盖沿外侧各有一扁平横耳，末端有穿孔固定提梁。

铜唾壶

西汉

口径8.6、高8.8厘米

1978年赫章可乐出土（编号M8：50），现藏于贵州省博物馆。

盘口内呈漏斗状，正中一圆孔，短颈，鼓腹，圈足。

铜钫

西汉

口径7.9、腹径16.7、足径9.8、高28.5厘米

2010年务川大坪江边M47出土，现藏于中国仡佬族文化博物馆。

侈口，方唇，束颈，腹外鼓，方形高圈足外撇。腹部两侧有对称铺首衔环。

铜钫

西汉

高35.2厘米

1978年赫章可乐出土（编号M200：7），现藏于贵州省博物馆。

侈口，方唇，束颈，垂腹，方形高圈足略外撇。腹部两侧有对称铺首衔环。

铜钫

西汉

口径10.1、足径13.4、通高44厘米

1988年务川大坪征集，现藏于中国仡佬族文化博物馆。

侈口，束颈，方腹外鼓，方圈足外侈，腹部两侧有对称铺首衔环；覆斗形器盖，盖上四个鸟形纽。

铜鐎斗

西汉

口径10.7、高11.5厘米

1978年赫章可乐出土（编号M8：9），现藏于贵州省博物馆。

侈口，高领，圆腹，平底，肩上一方形中空柄。与柄相对的腹部有一环耳。

铜盘

西汉

口径27、高7厘米

1978年赫章可乐出土（编号M8：39），现藏于贵州省博物馆。

敞口，斜折沿，浅弧腹，平底。腹部有一对铺首衔环；口沿上镌刻隶书铭文一周，共十六字："同劳澡槃比五尺周一。元始四年十月造"。

铜盉

西汉

口径8.5、通高16厘米

1978年赫章可乐出土（编号M177：11），现藏于贵州省博物馆。

直口，圆腹，圜底，三蹄足，鸟首形流，曲柄，柄中空，腹部饰三周凸弦纹；口上有盖，盖顶一环纽。

铜洗

西汉

口径34.5、底径21、高17厘米

1987年务川镇南马蹄塘汉代窖藏出土，现藏于中国仡佬族文化博物馆。

敞口，折沿，沿面内凹，鼓腹，平底。腹中部饰一组四周凸弦纹及一对铺首衔环；内底饰一对鱼纹，两鱼的头、尾各以弧线相连。

铜洗

西汉

口径30、底径19.5、高14.5厘米

1987年务川镇南马蹄塘汉代窖藏出土，现藏于中国仡佬族文化博物馆。

敞口，折沿，沿面内凹，鼓腹，平底。腹部饰一组四周凸弦纹和一对铺首衔环；底部中央饰凸鱼纹一尾，鱼身上下及前方围以蔓草。

铜洗

西汉

口径35.5、底径18.1、高18厘米

1992年赫章可乐烟站出土，现藏于赫章县文物局。

敞口，折沿，弧腹，平底。腹部一对对称兽首衔环。腹部饰三周凸弦纹；内底部绘凤鸟衔鱼图案，凤鸟呈飞翔状。

铜瓢

西汉

长14.1、宽3.8厘米

2020年务川大坪干溪出土（编号M6：1），现藏于中国仡佬族文化博物馆。

瓢体呈椭圆形，浅腹，前端较薄，附圆柱状实心短柄。该器物出土于务川汞矿遗址的核心区域，附近汉墓常随葬大量朱砂，或为撮舀朱砂的器具。

铜博山炉

西汉

口径9、底径19.5、通高20.4厘米

1978年赫章可乐M10出土（编号M10：3），现藏于贵州省博物馆。

炉身豆形，下有承盘。盖与炉身原有链条连接，链条残。盖面浮雕山峦及云纹，其间有圆形镂孔，空白处用阴刻短线纹装饰。喇叭状足柄底部亦饰山峰及云纹。承盘口沿外折，浅腹。

铜温炉

西汉

托盘长18.5、宽12.4厘米，炉膛长17.5、宽9.5、内高10.4厘米，耳杯口长径16.5、高4厘米

1978年赫章可乐出土（编号M8：48），现藏于贵州省博物馆。

由耳杯、四足温炉和长方形托盘三部分组成。底座为长方形托盘；炉体为两层，底部为长方形炉膛，附四兽蹄足，上层为炉壁，炉壁上铸有凸出的云气纹。炉壁上置一耳杯。

铜杵臼

西汉

臼口径10、高16.9厘米，杵长17.7、直径3.2厘米

1978年赫章可乐出土（编号M10：1），现藏于贵州省博物馆。

臼身斜折沿，深腹，假圈足，腹部饰三周凸弦纹。杵实心圆柱状。

铜簋

东汉

口径16、足径12、器盖高5、器身高11、通高16厘米

1987年兴仁交乐出土（编号M7：15、M7：16），现藏于黔西南布依族苗族自治州博物馆。

侈口，折沿，尖唇，腹上部直立，下腹折收，喇叭形圈足，足外起折棱。盖顶正中设半圆纽，纽中穿有圆环，纽外饰柿蒂纹，盖沿下有四颗小支钉。

铜尊

东汉

口径9.6、通高28.3厘米

1975年兴义万屯出土（编号M8：7），现藏于贵州省博物馆。

敛口，束颈，腹部浑圆，下腹斜收，矮圈足，底部镌刻有铭文“公”字。肩部两环形立耳与龙首提梁相接，腹部有一对铺首。肩部、腹部饰凸弦纹。

铜樽

东汉

器身口径22.8、底径23.2厘米，盖径21、高10厘米，器身通高16.4厘米

1987年兴仁交乐出土（编号M6：26、M6：2），现藏于贵州省博物馆。

圆形，腹壁直，圜底近平，腹部饰对称铺首衔环，下附三足铸成侧体立虎形，器身通体饰阴刻花纹，内容有龙纹、菱形纹、波浪纹、锯齿纹等。盖为尖顶，顶部有一圆孔，有折沟将盖壁分为三段，盖身通体饰线刻波浪纹及龙纹。

铜锜

东汉

腹径20、足高10、通高27厘米

1987年兴义顶效出土，现藏于黔西南布依族苗族自治州博物馆。

敞口，长束颈，扁圆腹，腹中部有一执柄，柄中空，执柄中部两侧环绕腹身有一周宽沿，圜底，附三撇足。带盖，用一活纽与壶身相连，顶中部有环纽，内穿一圆环。

铜瓶

东汉

口径3.5、足径12、高28.5厘米

1987年兴仁交乐出土（编号M6：11），现藏于黔西南布依族苗族自治州博物馆。

直口，圆唇，细长颈，扁鼓腹，喇叭形圈足。壶身自颈口至圈足通体阴刻以龙凤为主体的各种花纹图案，各组龙凤纹之间饰以菱形、锯齿、斜线、波折等纹饰。

铜豆

东汉

口径13.1、足径11、高10厘米

1975年兴义万屯出土（编号M8：17），现藏于贵州省博物馆。

全身镂空，豆身呈碗状，下接喇叭形圈足。口沿下一环耳，豆身镂孔为三角形及长条形，圈足镂孔呈长条形。

铜灯

西汉

残高35.7厘米

1978年安顺二铺出土，现藏于贵州省博物馆。

座底圆筒状，外壁饰五条龙纹，其上三海兽，海兽之间为海涛纹，兽顶一跪人，头顶一圆柱形灯杆，柱顶灯盘不存。

铜灯

西汉

通高66厘米

1978年赫章可乐出土（编号M8：30），现藏于贵州省博物馆。

灯座为一盆形圆盘，圆柱形灯柱立于盘中央，柱中部置三花瓣形插座，插座插有三枝弯曲方柱形花枝，枝尖各承托圆盘灯盏一个，柱顶也立一圆盘形灯盏，尺寸较分枝灯盏大。

铜灯

东汉

残高26.5厘米

1958年清镇琊陇坝清M15出土，现藏于贵州省博物馆。

灯座为一乌龟，乌龟头向前抬伸，作爬行状。龟背上坐一男子，其左腿曲盘，右腿曲蹲，双手扶于膝盖上，头顶一上细下粗的圆形灯柱，柱顶弯折作分枝状，但分枝已残，灯盏不存。

铜灯

东汉

通高117.2厘米

1987年兴仁交乐出土（编号M6：13），现藏于黔西南布依族苗族自治州博物馆。

灯呈树状，由灯座、灯柱、灯枝和灯盘几部分组成，灯座由二盘龙、乌龟和踞坐人像组成；灯柱共分三段，中、下两段作龙蛇盘旋，龙口朝上，中空以纳灯枝，每段向外呈S形伸出二灯枝，枝上铸人物、凤凰、小鸟等，枝端插一三足带柄行灯；上段灯柱铸一龙绕柱盘旋，龙头向上，龙足紧绕灯柱，柱顶亦插一行灯。

铜灯

东汉

通高47厘米

1987年兴仁交乐出土（编号M15：7），现藏于黔西南布依族苗族自治州博物馆。

圆形灯盘，浅腹，圜底，三蹄形足外撇，盘中心置一烛钎，盘口两侧附对称龙首形双耳，龙首上有环和提链相衔，桥形提梁中部为一扁平铜板，上立一双手合十跪坐铜人，头顶接提链，链端套一“S”形挂钩。

铜灯

东汉

残高26厘米

1975年兴义万屯出土（编号M2：3），现藏于贵州省博物馆。

灯座为一跪人，高鼻大目，上身袒露，左臂平曲伸开持一灯插，右臂向上抬伸托一灯插，头顶一圆形灯杆。

铜灯

东汉

盘径13.6～14.2、盘深2.6、足高2.2、通高21厘米

2007年安顺宁谷龙滩汉墓出土（编号M31：3），现藏于贵州省文物考古研究所。

灯盘下三只矮兽足，圆盘内有一对对称凹孔，盘中心一矮灯柱，灯盘外壁对称伸出实心圆柱状灯梁，顶端作龙头形，梁上有两周箍圈。

铜龟盂

东汉

全长15.8、腹最宽8.4、高5.3厘米

1994年安顺宁谷龙滩汉墓出土（编号M29：10），现藏于贵州省文物考古研究所。

整体作乌龟形，龟体中空，乌龟头向外伸出，张口衔住一铜耳杯，四肢外撇，后露一尖尾，背腹刻甲纹，背中部有一圆形口注，口径约2厘米。

铜器座

东汉

直径13.8、高4厘米

1987年兴仁交乐出土（编号M6：28），现藏于黔西南布依族苗族自治州博物馆。

座身圆盘状，台面边缘呈二层台式，下承三足，作牛首人身屈膝蹲坐状。

铜甬钟

西汉

通高31厘米

1987年务川镇南马蹄塘汉代窖藏出土，现藏于中国仡佬族文化博物馆。

呈合瓦状，甬中空，甬端外侧有一周凸箍，内侧偏中藏一横纽；钟体上窄下宽，弧口，钟体上端正背部均有凸枚3排，两面共凸枚36个，各排凸枚间饰以辨索纹，余为素面。钟面一侧原有铭文，一排四字，但已模糊难辨。

铜弩机

西汉

长10.6、通高3.5厘米

1978年赫章可乐出土（编号M8：79），现藏于贵州省博物馆。

保存较好，鎏金，有郭、望山和牙等。

铜镇

西汉

长9、宽8.4、高5厘米

2003年赫章可乐马家包包墓群王家坪子农耕出土，现藏于赫章县文物局。

整件器物呈椭圆形，造型为蛙身，大嘴中空，凸眼，背部饰龙鳞纹，腹部刻有四只鹰爪，尾部有两个小孔。

铜镜

西汉

直径11.2厘米

1978年赫章可乐出土（编号M178：7），现藏于贵州省博物馆。

并蒂式十二连珠纹圆纽座。内区饰一周宽弦纹，中区饰内向八连弧纹，外区为铭文带，铭文23字："扬军好皎光而见美择作配而间速弊而往复存神而不忽。"

铜镜

西汉
直径8.7厘米
1978年赫章可乐出土（编号M10：2），现藏于贵州省博物馆。
半球形纽，素圆纽座。内区饰回旋线条纹，外区主题纹饰为四乳间饰四虺纹，内外区之间、外区与镜缘之间各饰一周短斜线纹。

铜镜

东汉
直径11厘米
1958年清镇琊陇坝清M12出土，现藏于贵州省博物馆。
半球形纽，圆纽座。内区饰四横三竖相间的线条纹，中区为六乳间饰雏鸡纹，外区为铭文带，铭文25字："尚方作镜真大巧，上有仙人不知老，渴饮玉泉饥食枣，浮游天下"，铭文外为一周短线纹，镜沿饰三角锯齿纹和波折纹带。

铜镜

东汉

直径16.5厘米

1975年兴义万屯出土（编号M8：5），现藏于贵州省博物馆。

半球形纽，乳钉纹纽座。主体纹饰为七乳间飞鸟、羊、龟等，铭带铭文“尚方作镜真大巧，上有仙人不知老，渴饮玉泉饥食枣，浮游天下敖四海，此镜主古市惠信保兮”，铭文外为一周短线纹，镜沿饰三角形锯齿纹和波折纹带。

铜镜

东汉

直径10.5厘米

1999年兴仁交乐出土（编号M19：10），现藏于黔西南布依族苗族自治州博物馆。

半球形纽，圆形纽座。座外两旁盘绕对峙的龙、虎，龙、虎相对的尾部铸隶书“青盖”阳文二字铭文，内区外沿饰一周短线纹，外区饰三角形锯齿纹和波折纹带。

铜带钩

西汉

通长12.8厘米

1978年赫章可乐出土（编号M22：1），现藏于贵州省博物馆。

钩首鹅头形，冠嵌一枚桃形绿松石，背面有一圆形钩纽。正面错金，饰错金丝流云纹及羽状纹图案，并嵌圆形或桃形绿松石七粒。背面错银，饰错银丝卷云纹图案，纽面刻鸱鸮形图案。

铜马

西汉

长8.8、高8厘米

2019年务川大坪干溪出土（编号M1：14），现藏于中国仡佬族文化博物馆。

站姿，昂首，立耳，鬃毛竖立，短尾卷曲下垂。

铜车马

东汉

马长85、高116厘米，车宽108、高76厘米

1987年兴仁交乐M6出土，现藏于黔西南布依族苗族自治州博物馆。

马昂首作嘶鸣状。车由驾马、轮轴、车舆三部分构成，车輢较低，四面敞露。车、马分段砂模空心浇铸，采用镶嵌、子母扣衔接、销栓固定等多种工艺组装而成。

铜车马

东汉

车马通长112、马通高88厘米

1975年兴义万屯出土（编号M8：33），现藏于贵州省博物馆。

整体由车、马两部分组成。马昂首翘尾，左前肢抬起，作驾车行走状；长方形车厢，厢两旁及后面均有挡板，圆弧形顶篷；车轮宽牙，12幅，双辕前端曲伸与衡相连。整套车马所用构件多达200个以上，采用浇铸、锻打、延压、扣合、焊接、鎏金等复杂的制造工艺制作而成。

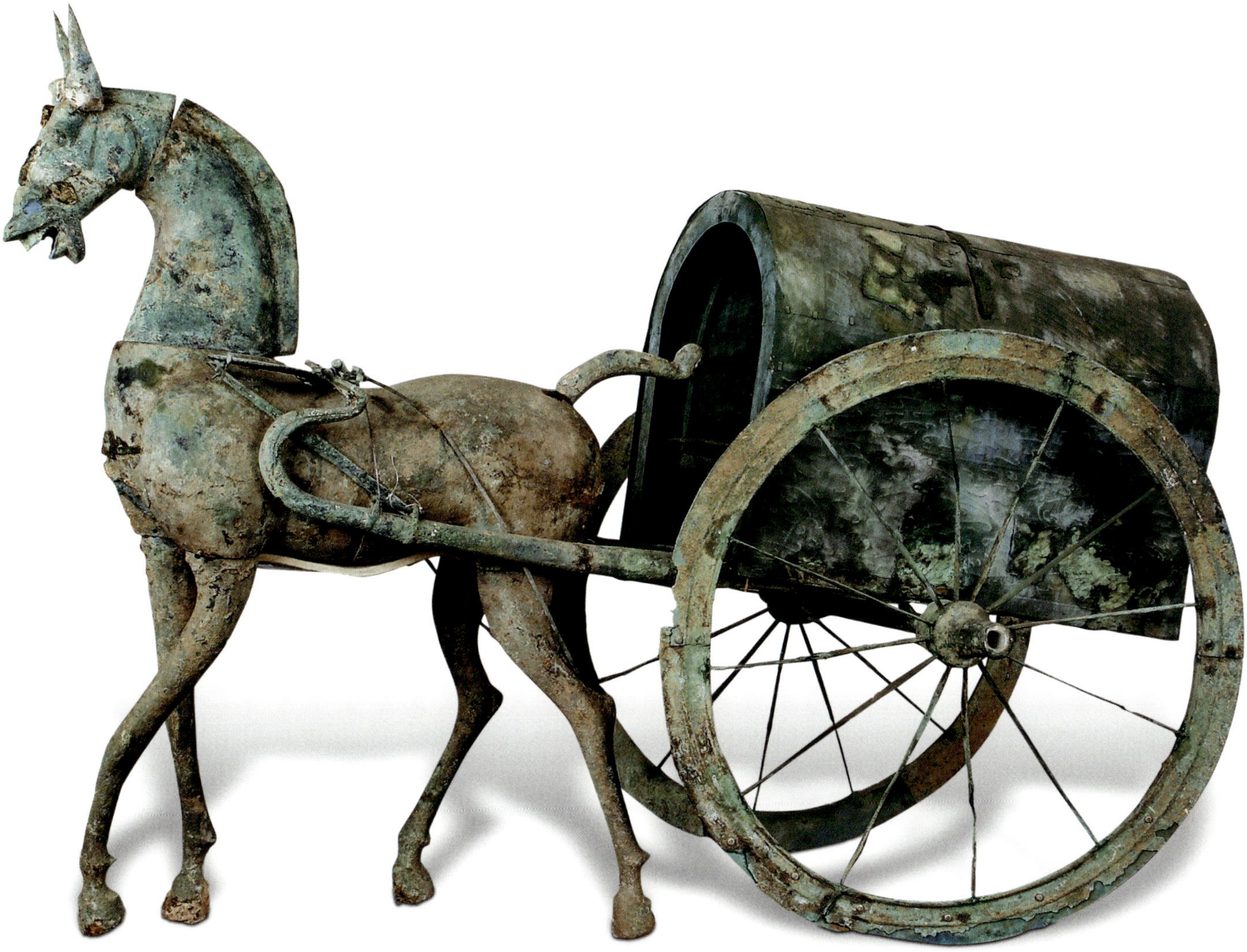

铜驾车俑

东汉
高28.8厘米
1987年兴仁交乐出土（编号M14：29），现藏于黔西南布依族苗族自治州博物馆。
男性，头戴平巾帻，长脸，高鼻，大眼睛，线刻短须，斜肩，内着高领衣，外罩长衫，双手握拳平举于胸部，呈拉缰状。

负罐铜鸟

东汉

长11.5、高5.3厘米

1956年清镇琊陇坝清M1出土，现藏于贵州省博物馆。

鸟长嘴，有冠，足残，作歇息状，鸟背上负一罐，罐为尖底，斜置于鸟背。可能为摇钱树上的构件。

铜孔雀

东汉

高10厘米

1960年赫章可乐出土（编号M3：2），现藏于贵州省博物馆。

站立状，头上有冠，尾呈开屏状，足下有圆形榫头。

铜印

东汉

印台边长2.1、通高3厘米

1987年兴仁交乐出土（编号M14：31），现藏于黔西南布依族苗族自治州博物馆。

铜质鎏金，麒麟纽，方形印台，印身四面细线阴刻青龙、白虎、朱雀、玄武四象。印台中空，在麒麟腹下及印壁一侧有开口，其空间可纳子印。印文为阴文篆书“巴郡守丞”。

西汉前期至东汉

铁　器

铁炉

汉晋

炉身口径22、通高21.8厘米

1958年赫章可乐出土，现藏于贵州省博物馆。

炉身圆筒形，有竖立长方形镂孔十二个，两侧置对称桥形耳，耳内各穿一大圆环。上口沿凸出三个锅撑。炉内壁近口沿有铭文一行，隶体阳文反书“武阳传舍比二”六字。炉膛底有曲尺形镂孔四个，起炉箅的作用。底下有三足，立于一盘形底座内，底盘亦三足。

铁刀

东汉

长101厘米

1987年兴仁交乐出土（编号M7：25），现藏于贵州省博物馆。

环首，柄、身通铸，柄部缠有丝织品，细长刀身，单面刃。带鞘，刀鞘为麻胎生漆面，大部分已朽落，刀刃及刀锋有多处银质或鎏金铜片包裹装饰。

铁环首锯

东汉

长32.7厘米

2005年黔西火电厂出土（编号M30：9），现藏于贵州省文物考古研究所。

长条形，直柄较细，环首残，锯身较宽，单面有齿。

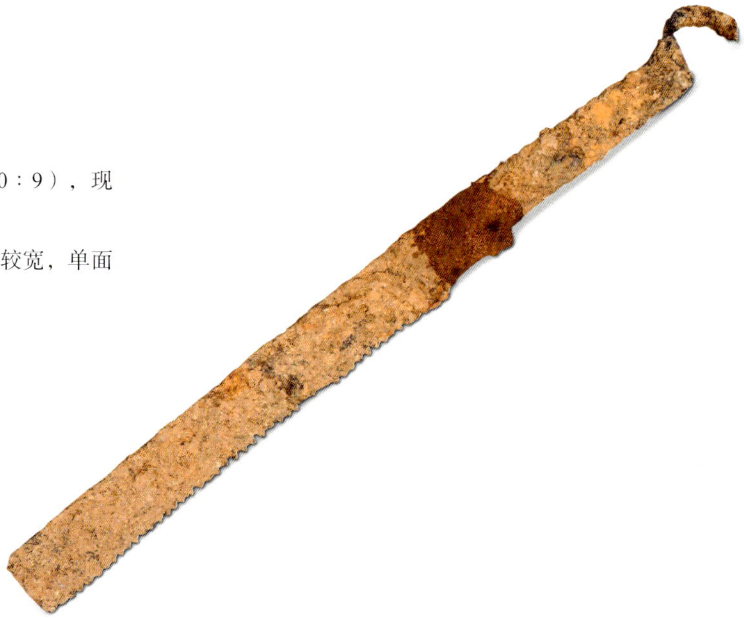

西汉前期至东汉

琉璃器

琉璃耳珰

东汉

直径1.1～1.8、高1.6厘米

2014年平坝夏云尹关、母猪龙潭汉墓群出土（编号M78：6），现藏于贵州省文物考古研究所。

淡蓝色，半透明，中间略呈圆柱形，向两端逐渐宽出柱径，柱中心有一圆孔贯通，孔两端略内凹。

西汉前期至东汉

漆木器

漆盘

西汉

口径27.2、高4.1厘米

1959年清镇芦荻新新桥清M56出土，现藏于贵州省博物馆。

麻胎。敞口，折沿，浅腹，平底，口唇为铜釦鎏金。盘身图案以黑红两色间绘。口沿背面针刻隶书铭文共61字：“元始四年，广汉郡工官造乘舆髹彤画紵黄釦饭槃，容一升。髹工则、上工良，铜釦黄涂工伟、画工谊、彤工平、清工郎造。护工卒史恽、长亲、丞冯、掾忠、守令史万主。”

漆耳杯

西汉

1958年清镇琊陇坝清M17出土，现藏于贵州省博物馆。

麻胎，黑地、朱绘。椭圆形，弧壁，底心微凹。髹以黑漆，内壁为朱漆。口沿一周绘雷凤纹。两耳铜釦鎏金。外壁有70字针刻隶书铭文：“元始三年，广汉郡工官造乘舆髹彤画木黄耳棓，容一升十六籥。素工昌、休工隆、上工孙、铜耳黄涂工惠、画工□、彤工平、清工匡、造工忠造。护工卒史恽、守长音、丞冯、掾林、守令史谭主”。

木牍

东汉

长15、宽5.2、厚0.5厘米

1996年安顺宁谷龙泉寺遗址出土（编号T972⑥:3），现藏于贵州省文物考古研究所。

长方形，上端有一缺口，下端平直，右侧中部及下角各有一缺口。表面光滑，上面隶书12字，顶部一字为“成”，字体较大；底部三行11字：“敞邑□信自冤辞为考者所”。

贵州考古出土文物精粹

两晋南朝时期

貴州

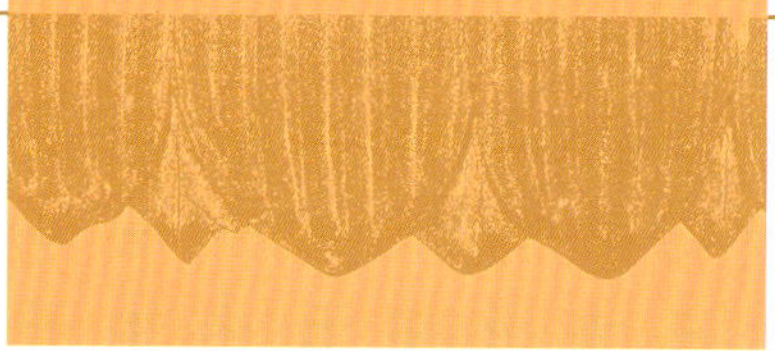

两晋南朝时期

瓷　器

瓷鸡首壶

东晋南朝

口径12.5、底径19.3、通高44.8厘米

1965年平坝马场万人坟出土（编号平M48：1），现藏于贵州省博物馆。

器身通体施青釉，釉色莹润，有开片。鸡冠缺损、盘口残缺。盘口，细长颈，肩上对称置桥形二系，鼓圆腹，平底，流作鸡首形。鸡首处有两周凹弦纹。

堆塑莲瓣纹瓷罐

东晋南朝

口径14.4、底径15、高20.5厘米

1965年平坝马场万人坟出土（编号平M34：17），现藏于贵州省博物馆。

器身施青黄釉，釉色莹润，有开片。直口，无颈，鼓腹，平底。肩部为六个桥形系耳，按单双相间对称排列。系下方饰两周凸弦纹，腹部堆塑双层浮雕式覆莲瓣纹，每层十一瓣，莲瓣上下层交错重叠，瓣尖外翘，直垂腹下。

瓷罐

东晋南朝
口径12.2、底径6、高23.5厘米
1965年平坝马场万人坟平M34出土，现藏于贵州省博物馆。
青釉。口唇直，椭圆鼓腹，平底。口下桥形六系，四系横置，二系竖置。

瓷罐

东晋南朝

口径12、底径17、高26厘米

1965年平坝马场熊家坡出土（编号平M48：2），现藏于贵州省博物馆。

内外均施青黄釉，腹下釉痕成行。直口，圆肩，圆鼓腹，平底。肩上置桥形六系，四横两竖。釉下一周划花双层莲花瓣绕上腹，六系处釉下有两周凹弦纹。

带盖瓷罐

东晋南朝
口径10、底径7、通高8.4厘米
1965年平坝马场熊家坡出土（编号平M50：10），现藏于贵州省博物馆。
盖外与罐内外均施黄青色釉，盖外表有褐色斑点。微残，盖纽残缺，盖耳残。罐身短直口，桥形四系，圆扁腹，底作实圈足。四系处釉下有一周凹弦纹。盖，圆凸顶，桥形系，凸起外有十四条齿纹，外沿饰三周凹弦纹，内沿有一周凸起子母口沿。

瓷罐

东晋南朝
口径7.7、底径7.5、高8.6厘米
1965年平坝马场万人坟平M34出土，现藏于贵州省博物馆。
胎白色，上有黄青色釉至腹下部，釉已大部分剥落，腹以上至口沿下有褐色釉圆点饰。腹上部有四系及一周凹弦纹。

蛙形瓷水注

东晋南朝

口径2、底径5.7、高4.5厘米

1965年平坝马场万人坟出土（编号平M36∶1），现藏于贵州省博物馆。

通体施黄青釉，开细片。又称砚滴，为古代文房用具，研墨时向砚中添水之用。扁体蛙形，双目圆睁，欲作跳跃状，背部有一圆管形注水口。

瓷狮形器

东晋南朝

口径2.6、通长11.8、高8.6厘米

1957年平坝夏云尹关M9出土，现藏于贵州省博物馆。

通体施黄青釉，釉剥蚀较为严重。兽作狮形，昂首站立，张口露牙，周身卷毛，尾下垂，狮背一长颈口为注水处，狮身内空。

瓷碗

东晋南朝

口径13.2、足径4.6、高7.6厘米

1965年平坝马场大松山平M55出土，现藏于贵州省博物馆。

内外施青黄釉，釉色莹润，有小开片，底部粘少量漆皮。直口，弧腹，圈足。口沿釉下有两周凹弦纹。

两晋南朝时期

陶 器

陶罐

东晋南朝

口径9.8、底径11.3、高14.2厘米

2014年贵安新区马场刘家村M1出土，现藏于贵州省文物考古研究所。

泥质灰褐陶。口微外敞，尖唇，溜肩，下腹内收，大平底。肩上四桥形系。肩腹部饰凹弦纹。

釉陶罐

东晋南朝

口径19.3、底径23.5、高28厘米

1954年平坝夏云尹关平M9出土，现藏于贵州省博物馆。

基本完整，口部缺损修复。泥质灰陶，器内外施青黄釉。直口，口起一沿，无颈，圆肩，圆鼓腹上耸，腹下至底敛，平底。腹上有桥形六系，两只竖置，四只横置。系上方有二周凹弦纹。

釉陶罐

东晋南朝

口径9.8、底径12、高12.3厘米

1954年平坝夏云尹关平M9出土，现藏于贵州省博物馆。

微残，三耳残，两耳及口经修补。泥质灰陶，口、肩及上腹部施酱釉。直口，斜肩，圆鼓腹，平底，底心微上凸。四系位于上腹部。口沿处有一周弦纹，肩部有一周凸棱纹。四系处有一周凹弦纹。

陶屋

西晋

长28、宽24、高21.5厘米

2020年安顺宁谷遗址出土（编号M43：26），现藏于贵州省文物考古研究所。

泥质红褐陶。地面房屋建筑模型，正房和厢房呈直尺形，中间隔出一栏，内有一小型动物似猪。壁面刻出门窗，两面坡屋顶，顶面未刻出瓦棱，似为草屋顶。

陶封泥

西晋

边长1.5、高1厘米

2005年镇宁田脚脚遗址出土（编号05ZTT20③：10），现藏于贵州省文物考古研究所。

泥质灰红陶。近正方形，左方框残，印面阳刻红色篆书“陈棕信事”。

铁钎陶纺轮

南朝

轮径4、钎长20厘米

1959年清镇芦荻荻M111出土，现藏于贵州省博物馆。

纺轮陶质，算珠形，中部鼓凸并有一周戳孔，上下饰绳纹短线。铁钎上细下粗，顶弯呈钩状。

两晋南朝时期

青铜器

铜釜

东晋南朝

口径20、高17.9厘米

1957年平坝夏云尹关平M70出土，现藏于贵州省博物馆。

敞口，圆扁腹，圜底。腹上部有一对片状孔耳。腹部有两周凸弦纹。

铜釜

东晋南朝

口径11、柄长33、高9.8厘米

1965年平坝马场万人坟平M42出土，现藏于贵州省博物馆。

侈口，尖唇内卷，圆腹，圜底。颈下一对对称环耳。腹部有两周凸弦纹。带柄铁箍穿过两耳。

铜釜

东晋南朝
口径20、高10.8厘米
1957年平坝夏云尹关平M9出土，现藏于贵州省博物馆。
大敞口内折，溜肩，圆鼓腹，平底，底上凸。腹中部有两周凸弦纹，弦纹下有穿耳一对。

铜钵

东晋南朝
口径20、底径10、高10厘米
1957年平坝夏云尹关平M7出土，现藏于贵州省博物馆。
折口，圆唇，深腹，小平底。

铜水盂

东晋南朝
口径1.9、最大腹径6.8、高6.2厘米
1959年平坝夏云尹关平M16出土，现藏于贵州省博物馆。
圆形小口，短颈，圆鼓腹，圜底，底部有三只蹄足。腹部等距附三只对称的管形装饰。

铜铛

东晋南朝
口径28.8、高10.3厘米
1957年平坝夏云尹关平M7出土，现藏于贵州省博物馆。
口沿外折，腹微鼓下收，三足短粗，似象鼻形。腹部有对称桥形系各一对，耳上原可能有环，现不存。腹部有四周凸弦纹。

铜铛

东晋南朝

口径20.7、高9厘米

1965年平坝马场万人坟出土（编号平M34：23），现藏于贵州省博物馆。

敞口，口沿凸起一棱，腹壁直，平底，三蹄足。外腹铸五周凸弦纹，内底部饰双鱼纹。为古代煮茶用具。

铜镳斗

东晋南朝

口径13.5、高10.6厘米

1965年平坝马场万人坟平M34出土，现藏于贵州省博物馆。

口唇外折，口部有流，长柄，椭圆腹，圜底，三蹄足。

铜鐎斗

东晋南朝
口径13.8、柄长24.5、高10.8厘米
1957年平坝夏云尹关平M9出土，现藏于贵州省博物馆。
口唇外折，口部有流，椭圆腹，圜底，长柄，三蹄足。

铁柄铜鐎斗

东晋南朝
口径14.1、底径10.8、柄长21.5、高9.3厘米
1965年平坝马场万人坟出土（编号M37：20），现藏于贵州省博物馆。
铁柄残断，铜鐎斗流残。敞口，有流，圜底，三直足。流右侧有一带铁圈之长柄。

铜托杯

东晋南朝

杯口径9.6、盘径16.8、通高12.6厘米

1965年平坝马场万人坟出土（平M36：9），现藏于贵州省博物馆。

由杯盖、杯和托盘三部分组成。杯盖扣在杯口，直径与杯口径相同，盖顶正中有尖柱状纽，盖面两圆弧圈。杯敞口，口沿外侈，下腹内折，立于一青铜短柱上，铜柱与托盘相接。托盘敞口，较浅，腹部曲折，高圈足。

铜托杯

东晋南朝

杯口径7.8、足径2.8、高7.9厘米，托盘直径13.5、足径5.9厘米，通高9.5厘米

1957年平坝夏云尹关平M7出土，现藏于贵州省博物馆。

微残，珠纽断。由杯盖、杯和托盘三部分组成。盖上凸，珠顶形纽，盖上有单、双线四周弦纹。杯直口，圆腹，口腹上有六、五、三周复线刻划弦纹。托盘较平，口沿外侈，中心铜柱与杯相接，底有圈足。

铜镜

东晋南朝

直径15厘米

1965年平坝马场万人坟出土（编号M37：1），现藏于贵州省博物馆。

半球形纽，圆形纽座。纽外一周为高浮雕神人、神兽、凤鸟等形象；其外一周似为“十”字铭文，并间隔以相同夔纹图案，铭文未识读；其外圈装饰连续紧密的锯齿纹；再外一周为凤鸟纹；最外一周为变形夔纹。

铜镜

东晋南朝

直径12.5厘米

1965年平坝马场万人坟平M34出土，现藏于贵州省博物馆。

半球形纽，圆形纽座。内圈篆书阳文“长宜子孙”四字，四字均有草叶纹相间；其外为八连弧纹，最外两周无纹饰。

两晋南朝时期

其 他

金钗

东晋南朝

顶径1.2～1.7、足长4.8～5.1厘米

1957年平坝夏云尹关平M9出土，现藏于贵州省博物馆。

顶部为半圆球泡钉，两侧延伸两脚。

金钗

东晋南朝
长5.2、宽2.1厘米
1965年平坝马场熊家坡平M45出土，现藏于贵州省博物馆。
色泽橙黄如新，顶部弯拱为双层半圆形帽状，两侧延伸两脚。

金钗

东晋南朝
左：顶径0.7、长21厘米，右：顶径0.7、长21.3厘米
1965年平坝马场万人坟出土（编号平M37：15），现藏于贵州省博物馆。
长条形，钗首转折处为一中空圆弧形小顶，发钗两脚间距上窄下宽。

金钗

东晋南朝
宽6.4～7.2、足长7.1～7.3厘米
1965年平坝马场万人坟出土（编号平M37：16-1～平M37：16-3），现藏于贵州省博物馆。
钗首为连续二弧或三弧形，断面为连续二或三菱形，上有横脊贯通，光素无纹。

金簪

东晋南朝

长19.3厘米

1965年平坝马场大松山平M55出土，现藏于贵州省博物馆。

通体锻打。实心长条形，顶端粗平，顶端之下渐细，底端为圆尖针。

金簪

东晋南朝

残长17.5厘米

1965年平坝马场万人坟出土（编号平M37∶19），现藏于贵州省博物馆。

簪身银质，断面呈圆形；簪首一侧为金质“V”形立体花叶，共4片，相连两片为一组，对称呈“V”形穿插于簪首，花片有残损。沿花叶边缘及花片内呈叶脉状排列且有较规则的细密小孔。

金簪

东晋南朝

簪长18.2、直径0.1～0.3厘米

1965年平坝马场万人坟出土（编号平M34：8），现藏于贵州省博物馆。

簪身银质，断面呈圆形；簪首一侧为金质“V”形立体花叶，共4片，相连两片为一组，对称呈“V”形穿插于簪首，金花残损折断，已在针杆不能固定。沿花叶边缘及花叶中缝处排列有较规则细密小孔。簪身中间一段较粗，底端呈扁状，为一挖耳。

金花片

东晋南朝

左：长3、宽2.9厘米，右：长2.95、宽2.8厘米

1965年平坝马场万人坟平M37出土，现藏于贵州省博物馆。

2件。方形，中间及四周均有小孔，一件用小孔组成四瓣花纹，一件用小孔组成八瓣花纹。

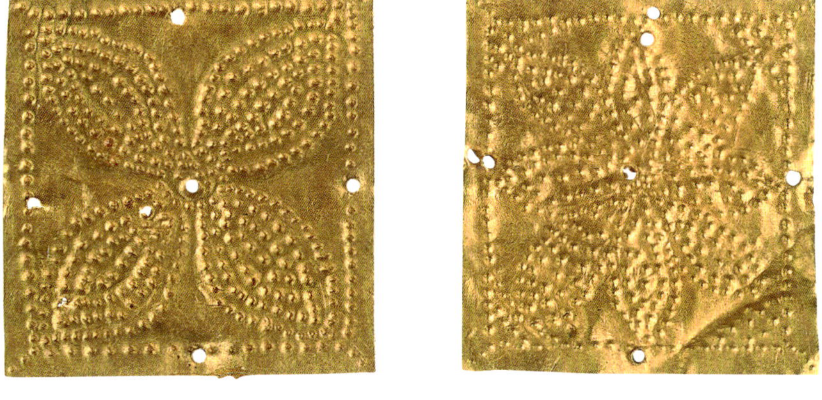

金花片

东晋南朝

大圆径3、锥形长1.8、小圆径2.4、半圆径2.5厘米

1965年平坝马场万人坟平M37出土，现藏于贵州省博物馆。

共20件，圆形金片12片，半圆形2片，锥形5片，金丝扭成的小环形1件。表面均有小孔，一圆形和一半圆形金片上有小孔组成蛙形。

鎏金铜钗

东晋南朝
1965年平坝马场熊家坡出土（编号平M42：22），现藏于贵州省博物馆。
长11.7、宽5.3厘米
顶边沿有一处破洞。表面鎏金原被铜锈遮盖，去锈金光发亮。钗首素面，外端为弧形，内端为双弧形，下为两脚。

银钗

东晋南朝
长14、宽6厘米
1965年平坝马场万人坟出土（编号平M37：24），现藏于贵州省博物馆。
钗外端为弧形，内端为双弧形，下端两长脚。钗首装饰凸起小圆孔，内部镶嵌物似脱落。

银条脱

东晋南朝
直径6.3厘米
1965年平坝马场熊家坡平M42出土，现藏于贵州省博物馆。
圈作三环，开口处以扭丝缠绕，宽环处作圈点纹，两端作竖线纹。

银顶针

东晋南朝
直径2、宽1.2厘米
1965年平坝马场万人坟平M37出土，现藏于贵州省博物馆。
圆圈形，两端卷边，面有四行圆点凹纹。

铜簪

东晋南朝
长24.8、最宽2厘米
1965年平坝马场熊家坡出土（编号平M50∶18），现藏于贵州省博物馆。
首部四边均为锯齿纹状，上有简单刻划纹，因锈蚀无法辨别，簪身两股交接成一股。

串珠项饰

东晋南朝
最大径者纺轮形珠直径3.65、最高者菱形珠高5.2厘米
1965年平坝马场M46出土，现藏于贵州省博物馆。
大小不一，由琥珀、玛瑙、水晶等不同的材质分别制成大小不同的球形、柱形、瓜形、纺轮形、狮形等珠、管，共61颗穿成。色彩斑斓。

串珠饰

东晋南朝
长35厘米
1957年平坝夏云尹关平M9出土，现藏于贵州省博物馆。
共213粒。圆形小珠，如绿豆大小，有红、黄、黑、绿色等，其中有三颗较大的，三颗次大的，另有四个银簧管。

串珠饰

南朝

长约33、最高者2.5厘米

1965年平坝马场万人坟M37出土，现藏于贵州省博物馆。

共56颗，包括玛瑙43颗、琥珀6颗、水晶7颗。形状各异，有圆球形、六边形、耳珰形、柱形、蹲兽形、纺轮形等，色彩斑斓。

唐时期

貴州

唐时期

釉陶罐

唐

口径15、底径9.6、高35.8厘米

1966年平坝马场大松山平M59出土，现藏于贵州省博物馆。

泥质灰陶，通体施黑釉，并作旋涡纹斑点。腹大底小，口沿外侈，圆鼓腹，下腹斜收，小平底。

陶罐

唐

口径19.6、底径20.6、高32.4厘米

1965年平坝马场熊家坡平M56出土（编号M56：2），现藏于贵州省博物馆。

泥质灰褐陶。直口稍外侈，圆唇，椭圆腹，底微上凹。肩上置桥形系，四横二竖。系上端有一周凹弦纹，近底部饰有四周弦纹。

瓷双口小罐

唐

内口径8.8、底径10.5、高14.8厘米

1966年平坝马场熊家坡出土，现藏于贵州省博物馆。

施黄绿釉，有开片，釉部分脱落。内口直口，微圆唇，外口外侈，尖唇，无颈，溜肩，椭圆腹，平底。外口下部有四竖系。

铜镜

唐

直径10.8厘米

1966年平坝马场熊家坡出土（编号平M43∶1），现藏于贵州省博物馆。

八弧形，半球形纽，其外相间分布四只雀和四枝花，外区饰八只蝴蝶。

铜镜

唐

直径10.1厘米

1965年平坝马场熊家坡出土（编号平M56∶15），现藏于贵州省博物馆。

通体漆黑发亮。半球形纽，内区、外区及边沿共有三周凸弦纹。

金戒指

唐

直径1.8厘米

1965年平坝马场熊家坡出土（编号平M56：1），现藏于贵州省博物馆。

2件。圆环不开口，圈梗宽平，外刻竖线纹。

银条脱

唐

直径6.8厘米

1965年平坝马场熊家坡平M47出土，现藏于贵州省博物馆。

两端缠绕处断朽。长条圆梗绕成圆环五层，口两端略细，两端细丝各缠绕在第二层环上，可缩可张。

宋至清时期

贵州

宋至清时期

陶 器

陶瓶

宋

口径7、底径8.5、高35厘米

1990年遵义新舟龙凤村出土，现藏于遵义市博物馆。

夹砂灰褐陶。小口，圆唇，短颈，丰肩，腹部下收。腹部白地上用黑彩绘牡丹花，花瓣肥大，花叶纤细卷曲，自如活泼，富有生活气息。

陶瓶

南宋

口径6、足径9、高22厘米

1957年遵义杨粲墓出土，现藏于贵州省博物馆。

泥质红陶。侈口，口上有一棱，短颈，丰肩，深腹，矮圈足。肩上绘黑色单叶枝三枝，肩部、下腹各绘一周弦纹，弦纹间腹部绘黑色牡丹花枝。

陶骑马俑

明

残高22厘米

2013年遵义新蒲杨铿墓出土（编号M2：28），现藏于贵州省文物考古研究所。

由底座和俑组成。俑头戴圆顶帽，上着圆领长袖短衣，内着有领衫，下着褶裤，腰束带，左手托印于胸前，右手残佚，脚穿鞋踏于马镫上，周身涂朱。马分鬃，马头佩络头、衔镳，佩鞍，鞍下置鞍褥及障泥，胸前饰攀胸，攀胸上饰有铃，马尻上饰有鞧带及纽状火珠，翘尾，马腿间饰有卷云纹，底座大多残佚。

陶骑马俑

明

通高27厘米

2013年遵义新蒲杨铿墓出土（编号M2：7），现藏于贵州省文物考古研究所。

由底座和俑组成。俑发髻为双螺髻，上着圆领对襟长袖袍，下着褶裙，双手托镜于胸前，周身涂朱。马佩鞍，鞍下置鞍褥及障泥，胸前饰有攀胸，马尻上饰鞧带及纽状火珠，翘尾，站立于长方形底座上。

陶骑马俑

明

通高29.9厘米

2013年遵义新蒲杨铿墓出土（编号M2：1），现藏于贵州省文物考古研究所。

由底座和俑组成。俑发髻为盘髻，上着圆领对襟长袖袍，下着褶裙，左手托瓶于左胸前，右手扶瓶，周身涂朱。马分鬃，佩鞍，鞍下置障泥，胸前饰有攀胸，马尻上饰有鞧带及六瓣纹状火珠，翘尾，站立于长方形底座上。

釉陶骑马俑

明

通高23.8厘米

2017年遵义红花岗区杨炯墓出土（编号M3-2：32），现藏于贵州省文物考古研究所。

由底座和俑组成。俑头戴黑色短檐高帽，脸颊较小，丹凤眼，身着酱黄色宽袖右衽长袍，腰束带，穿酱黄色靴踏于马镫上，双手拱抬于身前。马为黑色，头左倾，立鬃，戴辔头，鼻系缀缨，嘴角有对穿圆孔，褐色鞍具附近圆形绿色障泥，身有攀胸，尻上有鞧带，置火珠，配杏叶，马尾下垂，下部残损，站立于长方形底座上。

釉陶骑马俑

明

通高25厘米

2017年遵义红花岗区杨炯墓出土（编号M3-2∶34），现藏于贵州省文物考古研究所。

由底座和俑组成。俑头戴黑色短檐高帽，身着绿色直领对襟窄袖袍，有纽扣，腰束带，脚穿黑色靴踏于马镫上，右手残损，左手于胸前作握物状，背负一盒，系带十字交叉固定。马通体呈酱黄色，下腹局部涩胎，黑鬃，戴辔头，鼻系缀缨，嘴角有对穿圆孔，双立耳，立鬃右倾，黑色鞍具附有酱黄色障泥，身有攀胸，尻上有鞧带及火珠，马尾下垂，马足一前一后立于长方形底座上。底座四角切削成八边形。

陶骑马乐俑

明

通高26.5厘米

1972年遵义杨纲墓出土，现藏于贵州省博物馆。

由底座和俑组成。俑头戴六合帽，上着右衽长袖短衣，下着褶裙，双手执喇叭于右胸前，双脚踏于马镫上。马分鬃，佩鞍，鞍下置障泥，胸前饰有攀胸，马尻上饰有鞧带，翘尾，站立于长方形底座上。

陶骑马乐俑

明

通高26.6厘米

1972年遵义杨纲墓出土，现藏于贵州省博物馆。

由底座和俑组成。俑头戴六合帽，上着右衽长袖短衣，下着褶裙，双手执乐器于右胸前，乐器残，双脚踏于马镫上，周身涂朱色。马分鬃、佩鞍，鞍下置障泥，胸前饰有攀胸，马尻上饰有鞧带，翘尾，站立于长方形底座上。

釉陶骑马文吏俑

明

通高25厘米

1988年遵义杨辉墓出土（编号M10：48），现藏于贵州省博物馆。

由底座和俑组成。俑头戴黑色幞头，略向右前侧身，身着酱黄色圆领窄袖长袍，腰束带，脚穿靴踏于马镫上，左手抬起作握缰绳状，右手下垂置于腿部。马头右倾，戴辔头，鼻系缀缨，嘴角有对穿圆孔，鞍具下置近圆形障泥，身有攀胸，尻上有鞧带，马尾下垂，站立于长方形底座上。

陶骑马武士俑

明

通高23厘米

1988年遵义杨辉墓出土（编号M10：28），现藏于贵州省博物馆。

由底座和俑组成。俑头戴幞头，身着右衽窄袖长袍，腰束带，脚穿靴踏于马镫上，右肩斜挎系剑带，剑系于左腰间，左手上抬作握剑状，右手抬于腹前。马头右倾，戴辔头，鼻系缀缨，嘴角有对穿圆孔，鞍具下置近圆形障泥，身有攀胸，尻上有鞧带，马尾下垂，站立于长方形底座上。

釉陶骑马乐俑

明

通高23.8厘米

1988年遵义杨辉墓出土（编号M10：27），现藏于贵州省博物馆。

由底座和俑组成。俑头戴褐色宽檐尖顶笠子帽，身着右衽窄袖长袍，腰束带，脚穿靴踏于马镫上，双手执长号于左前，做演奏状。马褐色，头略右倾，戴辔头，鼻系缀缨，嘴角有对穿圆孔，鞍具下置近圆形障泥，身有攀胸，尻上有鞧带，马尾捆扎下垂，站立于长方形底座上。

釉陶侍俑

明

通高22.9厘米

2017年遵义红花岗区杨炯墓出土（编号M3-2：15），现藏于贵州省文物考古研究所。

由底座和俑组成。俑戴头箍，后饰包髻，圆脸，眼眉处有勾绘痕迹，身着绿彩窄袖短襦，外罩方领对襟比甲，襟边缀圆纽扣，下着黑彩长裙，双手托碗于腹前，站立于方形底座上。

釉陶侍俑

明

通高25.2厘米

2017年遵义红花岗区杨炯墓出土（编号M3-2：14），现藏于贵州省文物考古研究所。

由底座和俑组成。俑头戴黑彩六合帽，长脸，柳叶眼，身着酱黄色右衽窄袖长袍，腰束带，穿黑靴，靴上有酱黄色流釉，左手下垂扶于腰间，右手拢于袖内下垂，袖摆后扬，站立于方形底座上。

釉陶轿夫俑

明

通高25厘米

2017年遵义红花岗区杨炯墓出土（编号M3-2：49），现藏于贵州省文物考古研究所。

由底座和俑组成。头戴黑色毡帽，两侧出有帽翅，圆脸，眼眉处有勾绘痕迹，身着酱黄色右衽窄袖长袍，腰束带，穿黑色靴，右手上抬与肩高，右肩有明显下凹痕迹，左手拢于袖内下垂，站立于方形底座上。底座将四角切削成八边形。

陶牵马俑

明

通高24.7厘米

1972年遵义杨纲墓出土，现藏于贵州省博物馆。

由底座和俑组成。俑头戴圆尖帽，阔目，高鼻，身着右衽窄袖长袍，长袍上朱色明显，腰束带，左手略举做牵马状，右手贴腹，站立于方形底座上。

釉陶牵马俑

明

通高18.5厘米

1988年遵义杨辉墓出土（编号M10：24），现藏于贵州省博物馆。

由底座和俑组成。俑头戴褐色尖顶小帽，身着淡绿色右衽窄袖长袍，腰束带，人俑侧身站立于马左前，右手握住辔头，左手握住马镫，做牵马状。马褐色，头上抬右倾，戴辔头，鼻系缀缨，嘴角有对穿圆孔，鞍具下置近圆形障泥，身有攀胸，尻上有鞧带及火珠，马尾捆扎下垂，马足一前一后站立于长方形底座上。

釉陶鼓乐俑

明

通高23.3厘米

1988年遵义杨辉墓出土（编号M10：34），现藏于贵州省博物馆。

由底座和俑组成。俑头戴酱黄色宽檐尖顶笠子帽，身体向前倾，着右衽窄袖长袍，腰束带，右肩斜挎系鼓带，酱黄色鼓置于腹前，双手上抬做击鼓状，两脚分开站立于方形底座上。

18734

陶勾头

明

残长10、宽16.5、高12.5厘米

2015年遵义杨辉墓墓祠遗址出土（编号ZTLK1①：82），现藏于贵州省文物考古研究所。

宽郭边。瓦面呈如意形，中间饰花卉纹，花蕊及花瓣近圆形，四周卷曲状须蔓或上扬或下垂，另有花叶延伸至左右两端。

陶勾头

明

宽17.8、高12.8厘米

2012年遵义汇川区海龙囤遗址新王宫出土（编号G2②：70），现藏于海龙囤考古工作站。

泥质灰陶。残存瓦头，瓦面呈如意形，中心饰莲花纹。

陶滴水

明

残长20.5、宽18.5、高9厘米

2015年遵义杨辉墓墓祠遗址出土（编号ZTLTN02E02②：4），现藏于贵州省文物考古研究所。

宽郭边，瓦身与瓦头拼接处有刮痕。瓦面呈如意形，居中饰正面六瓣莲花纹，四周再饰以卷曲状须蔓，上部左右两端莲叶伸展。

陶滴水

明

残长16、宽21、高13厘米

2020年遵义红花岗区茅衙遗址出土（编号ZHMⅠT4：3），现藏于贵州省文物考古研究所。

宽郭边，瓦身残损。瓦面呈如意形，中央饰六瓣莲花纹，上端两侧饰莲叶。

陶脊兽

明

宽69、高93.5厘米

2014年遵义新场遗址出土（编号H1：1），现藏于贵州省文物考古研究所。

怒目圆睁，口微张，双耳立于脑后，长鬣上扬，两腿强健有力，四爪张开。

陶脊兽

明

底座长23、底座宽13.5、通高38.5厘米

2012年遵义汇川区海龙囤遗址新王宫出土（编号F2②：1），现藏于海龙囤考古工作站。

表面部分呈青灰色，部分呈灰黄色，或因房屋经火焚烧所致。翘唇露齿、怒目有神。额后近耳处各有一圆形兽角孔。兽角两只，一只微残，外形似镰刀状，部分插入孔洞中，角尖前仆。兽身线条刻划流畅，根据尺寸大小推测应为垂兽或戗兽。

陶脊兽

明

通长40.5、宽21、通高51厘米

2012年遵义汇川区海龙囤遗址新王宫出土（编号F1③：2），现藏于海龙囤考古工作站。

泥质灰白陶，表面呈灰褐色。上唇扬起，唇下吞口正面有一圆形孔洞，嘴岔凸出，上下均有獠牙。眼部怒目有神。额部两侧各有一小圆孔。耳上贴塑犄角，呈半圆形“山”字状。小腿上粗短线条刻划，四趾刚健有力。吻兽后部为一斜面。卷尾向后翻卷，其上平地刻螺旋状凸棱。

陶脊砖

明

长32、宽16、高18厘米

2020年遵义红花岗区茅衙遗址出土（编号ZHMⅠT4：13），现藏于贵州省文物考古研究所。

长方形，空心，两侧有榫口，中部一圆孔。侧壁饰折枝牡丹纹。

陶脊砖

明

长32、宽16、高13厘米

2019年遵义红花岗区茅衙遗址出土（编号ZHMF1：1），现藏于贵州省文物考古研究所。

长方形，空心，两侧有榫口，中部一圆孔。侧壁饰葡萄纹。

宋至清时期

瓷 器

瓷碗

南宋

口径19.1、足径6、高7.5厘米

1957年遵义杨粲墓出土，现藏于贵州省博物馆。

白胎，釉色淡绿，晶莹如水。敞口，斜腹，小矮圈足。内壁刻画云草纹。

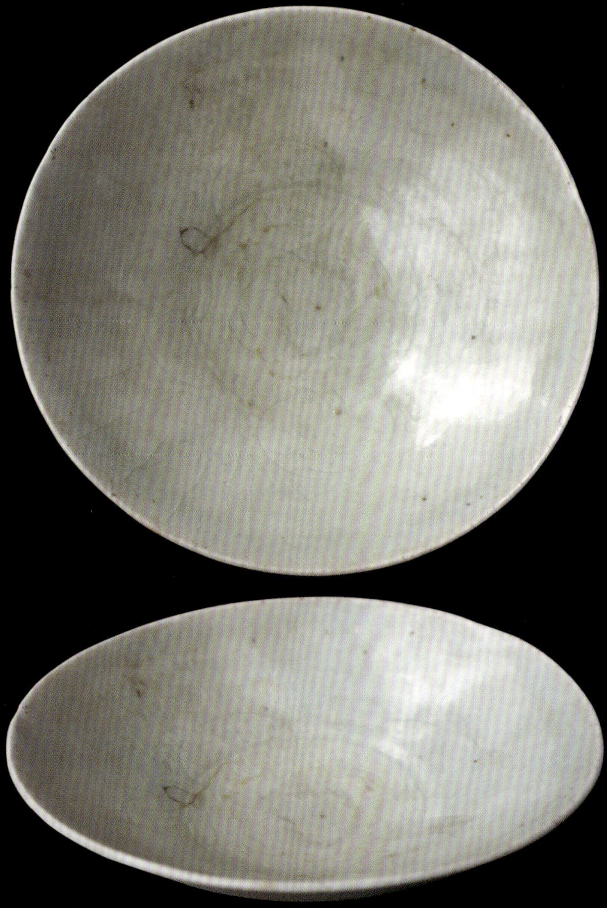

瓷碗

宋

口径18.7、足径5.7、高5.2厘米

1954年桐梓元田坝冷家坡宋墓出土，现藏于贵州省博物馆。

白胎，施青釉，圈足底部无釉，露胎。敞口，斜弧腹，矮圈足。内壁刻划四簇卷云纹及曲线纹，外壁无纹饰。

瓷碗

宋

口径13.2、足径2.9、高5.7厘米

1956年桐梓夜郎推光桐出土（编号M1左：4），现藏于贵州省博物馆。

器内外施淡青釉，足底露胎，胎白坚细。敞口，斜直腹，呈喇叭形，平底。器内有隐约的线条花纹，因磨蚀严重，纹饰不可辨。

瓷碗

万历

口径17.2、足径5.8、高8厘米

2012年遵义汇川区海龙囤遗址新王宫出土（编号F9①：1），现藏于海龙囤考古工作站。

胎质细腻，釉呈青白色，青花色泽浓重艳丽，蓝中泛紫。敞口，深弧腹，圈足，底心下塌。内底心双圈内绘正面五爪龙纹；内腹壁绘缠枝花托吉语，残存“福如东海，寿□□□”；外壁绘八仙；外底部双圈内楷书“大明万历年制”六字双行款。应为官窑器。

瓷碗

明晚

口径11、足径4.4、高6厘米

2012年遵义汇川区海龙囤遗址新王宫出土（编号F9②：105），现藏于海龙囤考古工作站。

白胎，青白釉。敞口，深弧腹，圈足。内底青花双圈内饰蓝地白花浪花纹；内外壁口沿处饰青花单圈；外腹部以青料绘四组海藻及海水，海藻与海藻之间以红彩绘鱼身，黄彩绘眼眶，黑彩勾绘鱼眼；足外壁及足底心绘青花双圈。

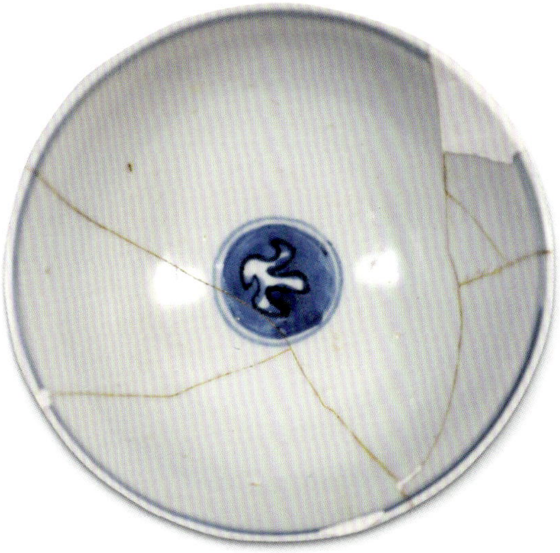

瓷碟

宋

口径10.2、底径7.2、高2厘米

1956年桐梓夜郎推光桐出土（编号M1右：4），现藏于贵州省博物馆。

器内外施青釉，口沿部露胎，呈米黄色。敞口，斜直腹，平底，底微凸。内底部饰鱼藻莲花纹。

瓷靶盏

万历

口径13.4、足径3.6、高10.5厘米

2014年遵义汇川区海龙囤遗址万安关出土（编号TG10③：18），现藏于海龙囤考古工作站。

白胎，青白釉，足沿及部分内壁涩胎。侈口，深腹，内底心微下塌，外底接柱状喇叭形高圈足。内底心青花双圈内绘正面五爪龙纹；近口沿处饰重十字菱形锦地纹；外壁青花双圈下绘赶珠龙纹，胫部绘变形莲瓣纹；柱状足外壁寿山福海纹下横书“大明万历年制”六字楷款。应为官窑器。

瓷香炉

万历

口径7.7、通高9.8厘米

2012年遵义汇川区海龙囤遗址新王宫出土（编号F10①：14），现藏于海龙囤考古工作站。

白胎，青白釉。浅盘口，短束颈，鼓腹，腹下置三柱状足。口部饰双立耳，口部饰菱形锦纹，颈部饰杂宝，腹部饰螭龙穿银杏叶纹。

瓷杯

明晚

口径9、足径约4.1、复原高约9厘米

2014年遵义汇川区海龙囤遗址万安关南墙下出土（编号TG56①：1），现藏于海龙囤考古工作站。

白胎，青白釉。仅存腹部残片数片，据外腹铭文知为“公道杯”。铭文曰：“漏其卮，实以酒。半则弗漏，满则弗受。岂唯弗受，并丧厥有。庶几哉，宥坐之戒，可守也。损斋居士铭。”语出王世懋（1536～1588，号“损斋”）《王奉常集·平心杯铭》，微有别，是其专为“平心杯”题写的铭文。“平心杯”即“公道杯”。“宥坐”典出《荀子·宥坐》，孔子曰：“吾闻宥坐之器者，虚则敧，中则正，满则覆。”铭文中“庶几哉，宥坐之戒，可守也”，意即公道杯之理与孔子宥坐之器相通，皆蕴含着“满则覆”的至理，可作为座右之戒律，永为遵守。参照其他相关遗物，可对其进行大致复原。应为侈口，深腹，圈足。内底中央立一人（或龙首），其内空心呈倒U形，两端开孔一设于内底之隐蔽处，一开于外底，形成落差，当水没过倒U形管上端时，杯内的水即流空，此为虹吸原理。

瓷罐

清

口径20、底径25.7、通高52厘米

1977年思南合朋邓家堡出土，现藏于贵州省博物馆。

白胎，胎厚体重。直口，短颈，丰肩，鼓腹下收，平底。通体绘青花缠枝牡丹、六狮等纹。其中一狮，头顶“王”字，张口露牙，雄视踱行，神态凶猛；其余五狮，似幼狮，多作奔跑回首顾盼状，形象极为生动。

宋至清时期

青铜器

铜瓶

宋

口径4.4、足径4.8、高14.7厘米

1956年桐梓夜郎推光桐出土（编号M1右：5），现藏于贵州省博物馆。

直口，高领，圆鼓腹下垂，高圈足下展。颈部饰三周竹节弦纹，上下两周为复线弦纹。

铜香炉

明

口径6.5、通高7厘米

2013年遵义杨铿墓出土（编号M2：34），现藏于贵州省文物考古研究所。

敛口，折沿，方唇，圆腹，圜底，圆锥足。双附耳，耳向外折，中有槽。腹下部饰两周凹弦纹。

铜香炉

明

口径10.3、高7.6厘米

1958年盘县象鼻岭盘M1出土，现藏于贵州省博物馆。

桶形，口沿内折，如意形三足。外壁上下沿饰凸棱，中部以米字花纹为底，间饰九个寿字。

铜觚

明

口径7.5、足径4.5、高11.2厘米

1958年盘县象鼻岭盘M1出土，现藏于贵州省博物馆。

喇叭形口，细腰，足外撇，圈足。腰间饰一箍，高3.2厘米，上模铸兽面纹，衬以雷纹。

铜鼓

南宋

面径49.5、腰径43、足径50、高30厘米

1957年遵义杨粲墓女室出土，现藏于贵州省博物馆。

形制与男室铜鼓基本一样。鼓耳形制与男室铜一致，麦穗纹较为粗糙，腰、足之间亦有一道凸棱。鼓面纹饰较为简略，仅鼓面十二芒，有四晕，每晕间留有空隙。该铜鼓被定为我国南方遵义型铜鼓的标准器。

铜鼓

南宋

高28、鼓面直径44.5、足径43.5厘米

1957年遵义杨粲墓男室出土，现藏于贵州省博物馆。

鼓面边沿略伸于鼓颈之外，束腰，足较高、外撇，腰、足之间有一周明显的凸棱。颈腰间左右两侧各有两耳，耳上下镂两个长方形小孔，孔两侧为麦穗纹。纹饰较为复杂，鼓面中心是十二芒太阳纹，主纹则是一种由圆圈连缀着两条飘动的带子，好似古代的旌旗，有人称之为游旗纹，周边还有同心圆、三角纹、雷纹。鼓身内外表面有用铜钱铸造的痕迹，残存部分钱币可辨认者为“元”“祐”“通”三个字，“祐”字仅见行书，“元”“通”二字有篆、行书两体，应为“元祐通宝”铜钱。

铜鼓

明

面径48、足径49.5、高29厘米

1956年麻江谷峒出土，现藏于贵州省博物馆。

鼓面边沿略伸于鼓颈之外，束腰，高足外撇，腰足之间有一周凸棱。颈、腰间左右两侧各有两耳。鼓面正中十二芒太阳纹，其外五晕：一晕为符篆纹，二、三、五晕为乳钉纹，四晕为主晕，游旗纹；鼓侧一晕，为同心圆圈纹；腰部有同心圆圈纹、雷纹；足部为复线三角纹。

铜镜

南宋

面径14.4、把长11.4厘米

1957年遵义杨粲墓男室出土，现藏于贵州省博物馆。

圆形，有柄，正面平整光滑，背面正中饰仙人、白鹤，周围饰花草纹，边缘起棱向外倾斜。

铜镜

明

直径35厘米

2015年遵义杨辉墓出土（编号M11-3：2），现藏于贵州省文物考古研究所。

圆形，有铜锈斑，镜面略凸，窄缘略卷。半球形纽，圆形纽及纽座，座饰一周心形纹。纽座外为反向对置的鸾凤纹及花枝纹，鸾凤纹、花枝纹相间均匀分布，外为一周凸棱纹及一周宽凹弦纹。

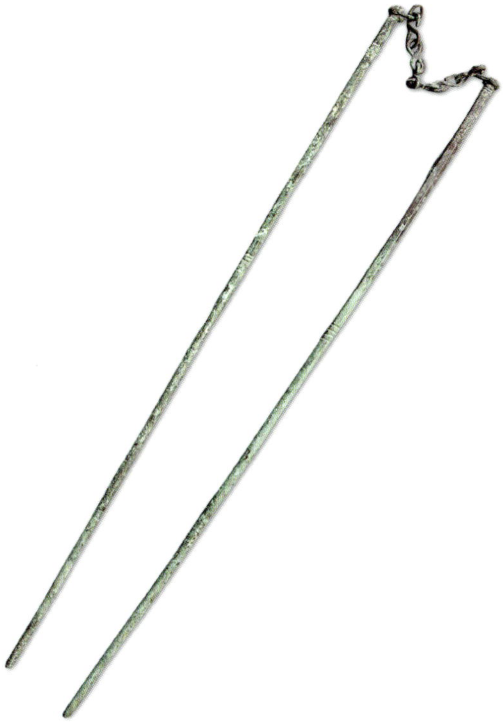

铜箸

明

长18.6厘米

1972年遵义杨纲墓出土，现藏于贵州省博物馆。

上方、下圆，中部有四道刻划纹，两箸之间有铜链相连。

铜匙

明

长19.9厘米

1972年遵义杨纲墓出土，现藏于贵州省博物馆。

以圆形薄铜片制成，一端为长条形把，把与匙相接处起一折，把端略翘起。

宋至清时期

金银玉器

金杯、盘

南宋

杯口径7.85、足径5.1、高7.05厘米，盘口径18、底径13.5、高1.9厘米

2014年遵义杨价墓出土，现藏于贵州省文物考古研究所。

金杯系夹层，敞口，腹斜收，圈足。口沿錾回纹，杯身以云雷纹为地，双螭缠绕其上，两螭首对称探出杯口成为杯柄，双螭下为双层水波纹。圈足焊接，上部周饰如意云纹，侧面为三角纹。金盘口沿为回纹，盘底以云雷纹为底，盘心饰卷云纹，双螭口尾相衔盘旋其周。出土时金杯倒扣于金盘之上。

金匙、箸、瓶

南宋

瓶口径5.5、腹径7.8、高13.7厘米，匙长21.5、宽2.3厘米，箸长21.75～21.8、直径0.45厘米

2014年遵义杨价墓出土，现藏于贵州省文物考古研究所。

瓶直口，平唇，束颈，鼓腹，高圈足。瓶内插匙一柄、箸一双。

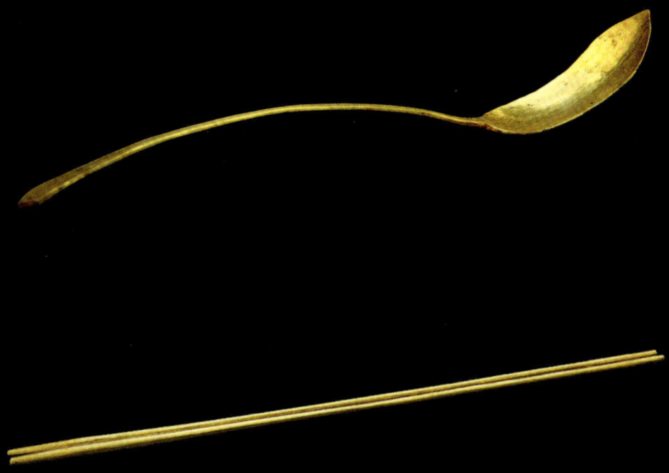

金酒杯

明

口径4.7、足径2、高3.1厘米

1953年遵义高坪五室墓出土，现藏于贵州省博物馆。

口沿外卷，外边有一周细弦纹，应是夹层，杯身斜下内敛，底部圈足焊接。

银盆

明

口径37、底径23.5、高7厘米

1953年遵义高坪五室墓出土，现藏于贵州省博物馆。

平口，宽沿，斜腹，平底。内底中间饰莲花，四条形态各异的鱼首尾相连环绕其外，外部饰莲花、藻丛纹。宽边上刻八卦及卷云纹，在口沿处刻款识一行："辛卯年十一月吉日任（壬）巳至造寿盆一口，重三十三两正，提调雁天朋，匠人匡向藩。"

银盆

明

盖径18.4、盆径20厘米

2015年遵义高坪杨爱女儿墓出土（编号M2-3：1），现藏于贵州省文物考古研究所。

盖为圆荷叶形，中心为弯曲状叶柄。盆平口，宽唇，平底，唇口边棱鎏金。口沿上阴线刻八卦纹，内底饰阴线水波纹。盆内放置金银质“四神”。

银锭

南宋

长8.7、宽2.9～5.9厘米

1960年遵义桃溪寺墓地M1出土，现藏于贵州省博物馆。

整体呈亚腰形，短沿呈半圆弧状。背面及四周布满蜂窝孔，正面有“王铺记”戳记。

金龙

明

通长27.5厘米

2015年遵义杨辉墓出土（编号M11-3：5），现藏于贵州省文物考古研究所。

龙曲项、收首、躬身，四足五爪作飞奔状，张嘴怒目，双须高扬，脑后长鬣后飘，遍布鳞片，背有鳍，尾略弯曲后扬。

金虎

明

通长28.7厘米

2015年遵义杨辉墓出土（编号M11-3：6），现藏于贵州省文物考古研究所。

虎首龙身，体瘦长，曲项、收首、躬身，作奔走状，头略右倾，脑后长鬣飘扬，背有鳍，身刻斑纹，尾略弯曲后扬，四肢劲健，指爪尖锐。

金青龙

明

长20厘米

2002年遵义扬子墓出土，现藏于播州区文物管理所。

由左右两片金箔片扣合而成，龙头前倾，怒目张口，吐舌，吻上双须前倾，躬身作飞跃状，背有鳍，龙鳞为乳突纹，四足四爪，龙尾后扬。

金朱雀

明

长8、宽6.8、高4厘米

2002年遵义扬子墓出土，现藏于播州区文物管理所。

由身体、翅膀、底座三部分铆接而成，头略上扬，颈后缩，目视斜前方，曲颈，挺胸，背上立双鬣。展翅，尾上翘，翅、尾錾刻连珠纹及羽纹，朱雀站立于底座之上，两足四爪 。底座饰卷云纹及连珠纹。

银白虎

明

长18厘米

2002年遵义扬子墓出土，现藏于播州区文物管理所。

由左右两片银箔片扣合而成，体形较瘦长，头前倾，曲颈，吻下须下垂，脑后长鬣飘扬，躬身作行走状，尾略弯曲，四足。

银玄武

明

长8.9、宽6.5、高1.5厘米

2002年遵义扬子墓出土，现藏于播州区文物管理所。

由身体、龟甲、四足构成，身体由左右两片银箔片焊接而成，头上扬，尾分三，龟甲由背甲和腹甲焊接而成，壳上内部錾刻菱形回纹，回纹内錾刻六个碎点，背甲边缘饰碎点卷草纹一周，四足焊接在腹甲上，作行走状。

金镶宝三龙五凤冠

明

1953年遵义高坪五室墓出土，现藏于贵州省博物馆。

包括大牡丹花1件、大凤5件、小凤2件、条形花边饰1件、云片小龙3件、横栏纹花耳2件、菱边大花横块1件、六瓣大花1件、大蝴蝶1件、卷云头花翅2件、半弧形花块1件、银发胎1件。

金镶水晶葫芦耳环

明

长13.5厘米

1953年遵义高坪五室墓出土，现藏于贵州省博物馆。

双球为水晶，其余部位均为金质。坠饰部分直穿水晶双球，下端及中间有金片小梅朵相连缀，上端有金片小叶一簇。

金镶宝蝶赶花耳环

明

长12.1、上宽2.5厘米

1953年遵义高坪五室墓出土，现藏于贵州省博物馆。

用细金丝镂花制成，嵌红、蓝宝石。顶端做成多瓣花朵形状，中心镶一颗大宝石，周围镶小宝石，挨环脚的一侧做成朝向花朵的蝴蝶。

金手镯

明

直径6.9厘米

1953年遵义高坪五室墓出土，现藏于贵州省博物馆。

两端镯头略粗，刻龙头相对，龙颈作圆珠一颗，镯头之间留有缺口，镯身无纹饰。

金镶宝手镯

明

直径6.5厘米

1953年遵义高坪五室墓出土，现藏于贵州省博物馆。

两端为相对的刻花龙头，头顶各镶一红色小宝石，一颗宝石已遗，镯头之间留有缺口，镯身无纹饰。

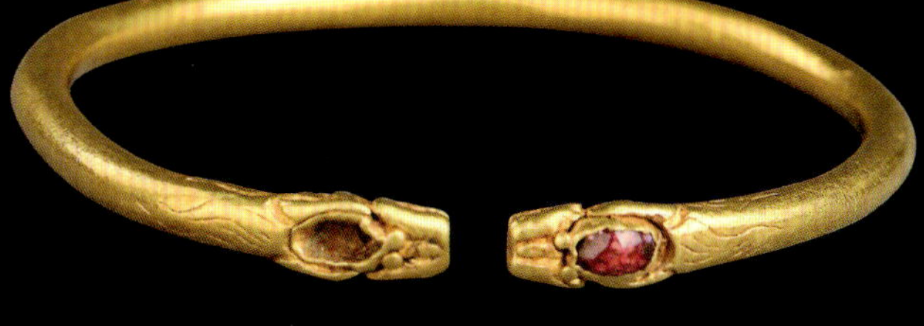

金镶宝手镯

明

直径7.3厘米

1953年遵义高坪五室墓出土，现藏于贵州省博物馆。

1对。镯面錾刻镂空云龙纹，边饰连珠纹，龙头间嵌紫红宝石一颗，构成双龙抢宝纹样，一镯宝石已遗失。两龙尾之间有一块如意云纹金片，覆盖着扣合手镯的开合活键。内壁为纯金片制成，即作为镂花的衬地。

金鱼坠领

明

1953年遵义高坪五室墓出土，现藏于贵州省博物馆。

残存带链金鱼5条，五鱼保存较好，头、尾、鳍皆全，嘴部上翘，全身有细鳞纹。鱼背上都系有双卷式细链，链上端系有小钩，部分残，有三条链子完整，等长，长8.2、宽3.3厘米。这5条金鱼出于墓主的胸前，根据其数量、带链、带钩的特征判断，应是坠领（坠胸）构件。

金覆面、下颌托

宋

金覆面长20.4、宽19.6厘米，下颌托长41.8、兜宽4.2厘米

1977年德江南克元墓出土，现藏于贵州省博物馆。

覆面用金箔剪成，呈椭圆形，左右两端各开两个长方形孔，素面无纹饰。颌兜呈椭圆形，素面无纹饰，兜带末梢弯曲成钩。

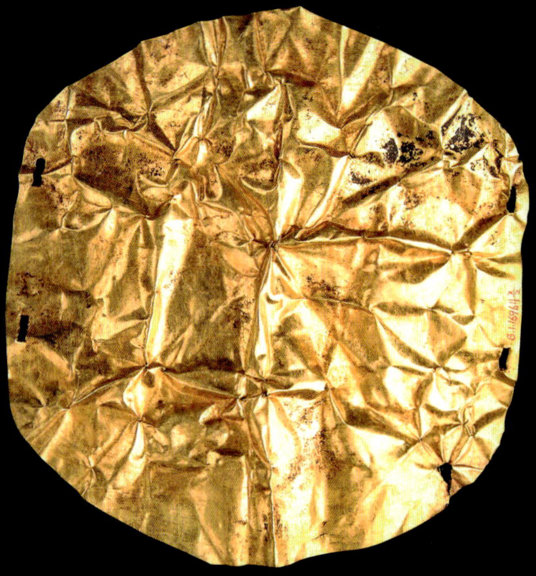

玉下颌托

明

托长10.3、宽4.05厘米，两链长共约20厘米

1953年遵义高坪五室墓出土，现藏于贵州省博物馆。

白玉，微带灰青。托作椭圆形，系由一整玉凿成凹形，内面无纹饰，底面饰有阴线刻二龙戏珠纹，两端系有方环短链，链端有小钩，钩均残断。

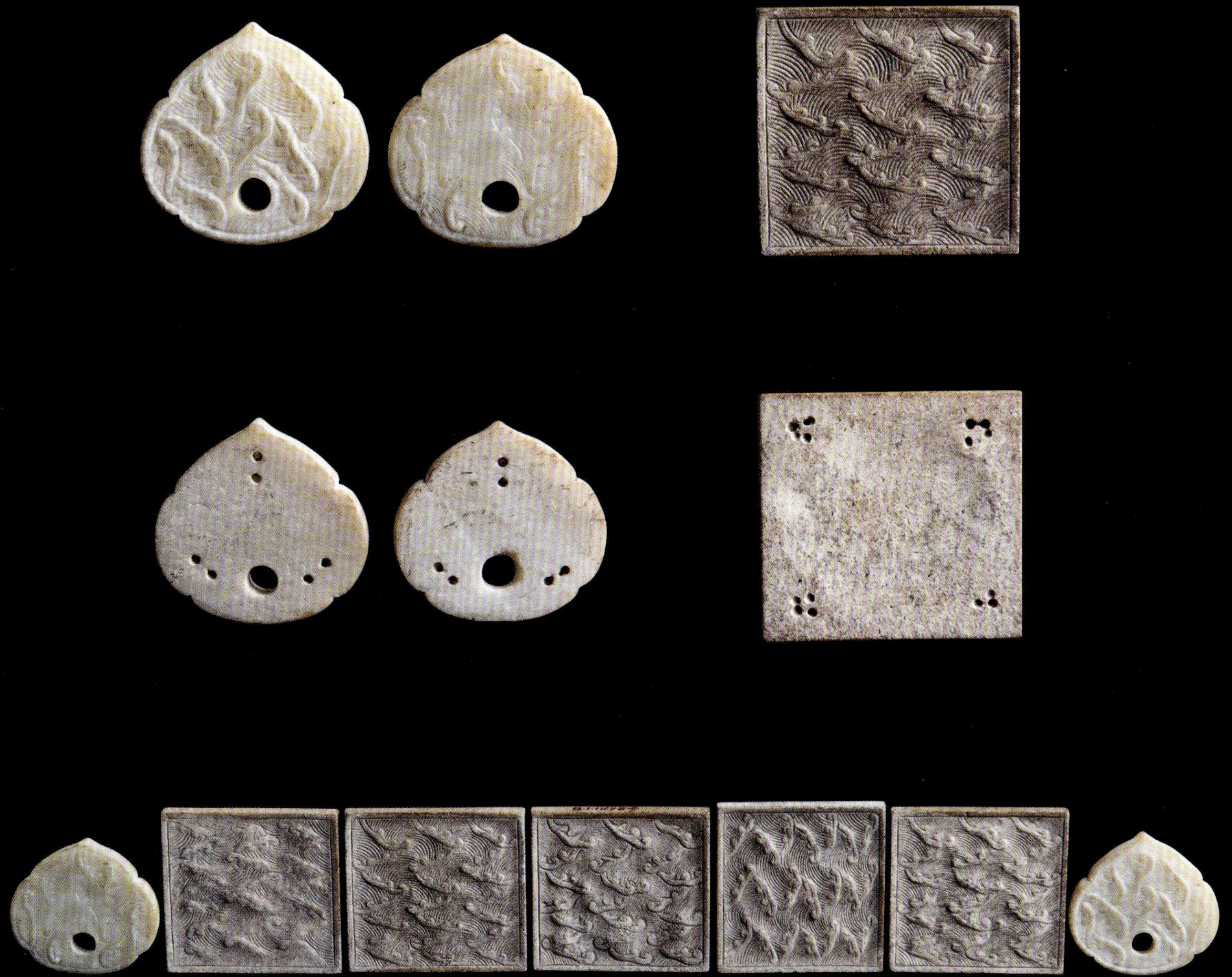

宋至清时期

石制品

杨粲墓主像

南宋

通高94厘米

1957年遵义杨粲墓男室出土，现藏于杨粲墓博物馆。

墓主人圆脸，头戴展脚幞头，前圆后方。内着长衫，外着圆领宽袖长袍，右领以铆扣固定。腰束带，分上下两围，上围素带，下围革带饰三块带版，袖手置于腹前。墓主人坐于宝座之上。

杨粲夫人墓主像

南宋

残高96厘米

1957年遵义杨粲墓女室出土，现藏于贵州省博物馆。

头已不存，项着如意纹项饰，内着抹胸，外着直领宽边对襟大袖衫，底部饰一霞帔坠子，袖手置于腹前，袖口自然下垂，长披下露裙衫及鞋尖，双腿立于足承之上。墓主人坐于宝座之上。

墓主像

南宋

宽57.5、高72厘米

1957年遵义田通庵墓女室出土，现藏于贵州省博物馆。

墓主端坐于交椅之上。头顶束高髻，身着宽袖长袍，两手抄于袖内，左、右肩部有挂饰。

文官

南宋

高133厘米

1957年遵义杨粲墓男室出土，现藏于杨粲墓博物馆。

头戴展脚幞头，圆脸，大耳，目视前方，口微张，表情恭敬。内着圆领对襟长衫，外着圆领右衽宽袖长袍，右领以铆扣固定。双手持笏于胸前，袖口自然下垂。腰束带，长袍下摆向外飘拂，袍下露皂靴。

女官

南宋

高129厘米

1957年遵义杨粲墓女室出土，现藏于贵州省博物馆。

头戴前后软脚幞头，圆脸，大耳，丹凤眼，表情恭敬。内着圆领对襟长衫，外着圆领右衽长袍。腰束带，露出铊尾。袍下露裙裤，露出上翘脚尖，双足分立于基座之上。左手托六棱形奁于胸前，右手扶奁。

武士

南宋

宽60、高120厘米

1957年遵义田通庵墓出土，现藏于贵州省博物馆。

头戴兜鍪，双目圆睁，表情威严。身着铠甲，内衬圆领宽袖战袍。身后背箭套，双手握弓于胸前。

卷发贡使

南宋

高126厘米

1957年遵义杨粲墓男室出土，现藏于杨粲墓博物馆。

人向左侧身，面向墓主人，体壮，卷发圆脸，双目圆睁，眉上挑，表情恭敬。赤膊赤足，手脚均戴双环。上身着披肩，束结后自然下垂。下身着短裙，腰束带，束结于腹前。双手托举圆盘于头顶，盘内放置珊瑚、象牙、犀角等物，腿弯曲，做行走进贡状。

侍女

南宋

宽58、高106厘米

1957年遵义田通庵墓女室出土，现藏于贵州省博物馆。

头饰顶髻，圆脸大耳。身着低领长裙，外罩对襟宽袖衫。双手托长方形瓜棱盒于胸前。

童子启门

南宋

雕刻宽73、高81厘米

1957年遵义杨粲墓男室出土，现藏于杨粲墓博物馆。

两扇仿木格子门，门扉半开，右侧门扉中部扣合处饰门环。在两扇门扉之间圆雕一童子，站立面向墓室，左半身露出门外，上身着圆领窄袖长袍，左手抬起握住门环，做启门状。

顶棺奴

南宋

宽21、高28厘米

1957年遵义田通庵墓女室出土，现藏于贵州省博物馆。

2件。头顶平，为承受棺床所致。头发上束，挽髻于脑后。圆脸侧垂，低眉目视下方。身着袒胸短衣，下着短裙。一足蹲、一足跪，一手弯曲按住膝盖，一手弯曲按住跪腿，做顶棺状。

曲腿几案

南宋

宽126、高50厘米

1957年遵义杨粲墓女室出土，现藏于贵州省博物馆。

案板边沿有两道明显线脚，下雕有壶门式牙条。案腿上部为直、下部弯曲，卷云蹄外翻，案腿间饰直木枨，以榫卯与腿连接。案中间从案面垂下三角形台布，台布雕“凤穿葡萄”团花图案，周边三角各饰一忍冬图案。

镇墓石

南宋

长47、宽16、厚6厘米

1957年遵义杨粲墓男室出土，现藏于贵州省博物馆。

正中一行阴刻符箓体文“敕太一上三台皇天垕土镇坟大吉”，“敕”字上饰三台星。

镇墓石

南宋

长47、宽17.5、厚6厘米

1957年遵义杨粲墓女室出土，现藏于贵州省博物馆。

正中一行阴刻符箓体文“敕太一上三台皇天垕土永保寿堂”，“敕”“皇”二字上有三台星、北斗装饰，左右侧阴刻“太上神符”“永镇寿堂”八字。

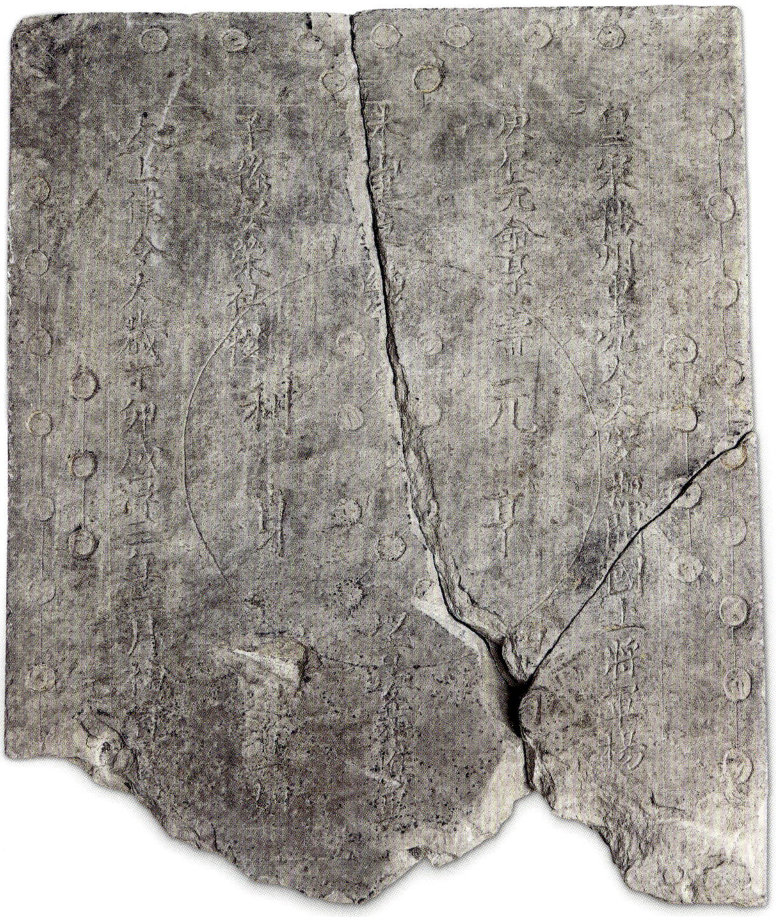

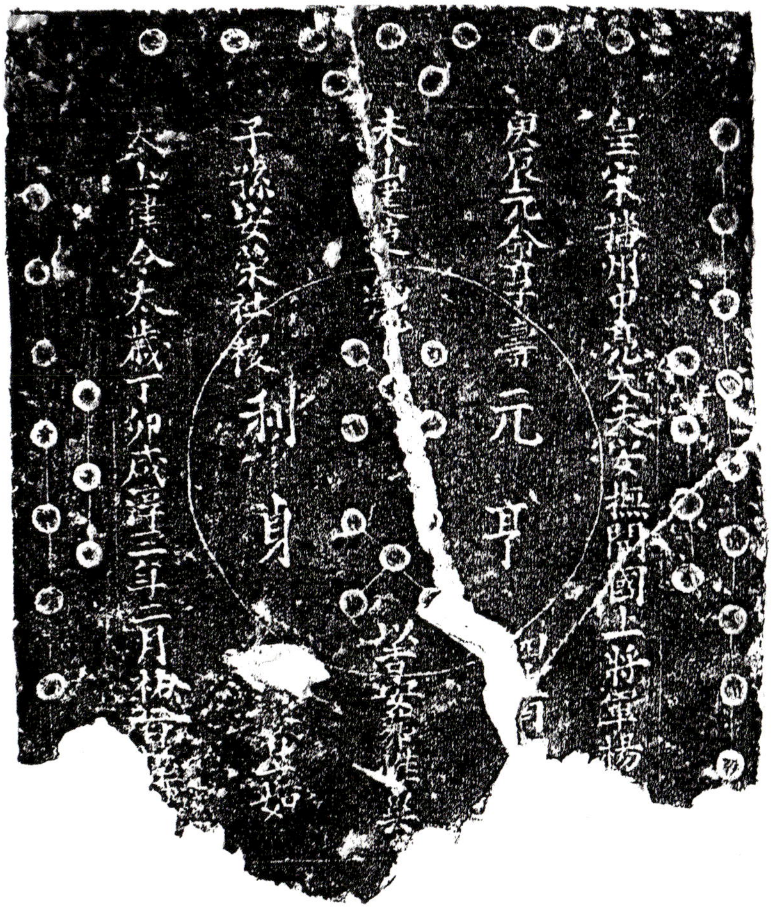

杨文镇墓券

南宋

残长29.5、宽24、厚3厘米

2003年遵义汇川区杨文墓出土，现藏于播州区文物管理所。

青石。长方形，残破严重。两面磨光，券文外围刻线框，框外侧边缘和正中刻以直线相连的圆圈，上为“二七”、下残，右为“四九”、左为“三八”，中刻圆形框，框内上下分别为数“五”、左右竖刻“元亨”“利贞”四字，为总数为“五十五”之河图。背面正中刻篆书双钩“宋”，其上从右至左横向楷书“太上九天律令”。

墓券正面由右至左阴刻楷书券铭：

皇宋播州中亮大夫、安抚、开国上将军杨□」，庚辰元命，享寿四十有五□□」，未山建造幽宅，以吉安葬。唯冀」子孙安荣，社稷绵远，一如」太上律令。太岁丁卯咸淳三年二月初二日诰下」。

田清慧镇墓券

南宋

长31、宽24、厚2厘米

2003年遵义汇川区杨文墓出土，现藏于播州区文物管理所。

青石。长方形，形制与杨文墓镇墓券基本一致，仅所刻铭文有差异。两面磨光，券文外围刻线框，正面四周边缘和正中刻以直线相连的圆圈或圆点，上为“二七”、下为“一六”，右为“四九”、左为“三八”，中刻圆圈，圈内上下分别为数“五”、左右分别竖刻“元亨”“利贞”四字，此为总数为“五十五”之河图。背面正中篆书双钩“宋”，其上从右至左横向楷书“太上九天律令”。

正面楷书券文：

皇宋播州公宇居夫人田清慧，庚寅元命」，行年三十八岁，建造坤山」寿堂，以备百岁后计，以祈」福禄长远，子孙荣贵，一如」太上律令」。咸淳三年二月十二日丙时诰下」。

皇宋播州公宇居夫人田
庚寅元命
行年三十八歲
壽堂以備
福祿長遠
太上律令
咸淳三年二月十二日丙時
誥下
建造坤山
百歲後計以祈
子孫榮貴一如
元
亨
利
貞

杨斌墓腰坑石龟及买地券

明

长方形框长34、宽27、深4厘米

2000年遵义红花岗区杨斌墓出土，现藏于杨粲墓博物馆。

石龟用青石凿成，由身、盖两部分组成。石龟底座为方形，座上凿龟身，龟身近圆形，两侧各凿两龟脚，中间部分凿圆形坑，在坑的底部凿一长方形框。买地券用砂石刻成，上端已残损，大小尺寸与龟身内长方框相一致。

买地券正面正中阴刻有文字八行，楷书，铭文如下：

……国播州诰封淑人，谕祭旌表，礼适名门」，……克惇妇道，相夫尽职，训子承家，孝慈播郡」……夫人五运禄马，通天大利，未卜阴宅。请到白」鹤大仙，迁採到地名衍川福地一穴，正坐卯山酉向」，……水之原，谨立铭券。山水龙神，常常拥护，三」……将，镇守山川，千年不动，万载不移，祈」……昌，子孙蕃衍，福寿增延者。谨券。」……年甲申十月十六日丁未吉时告下。

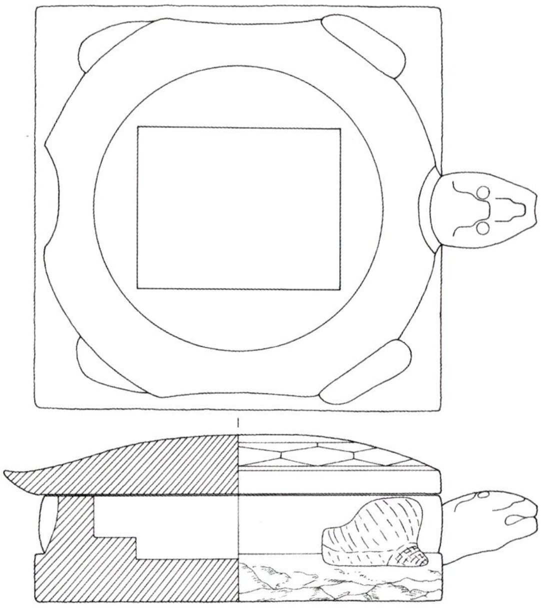

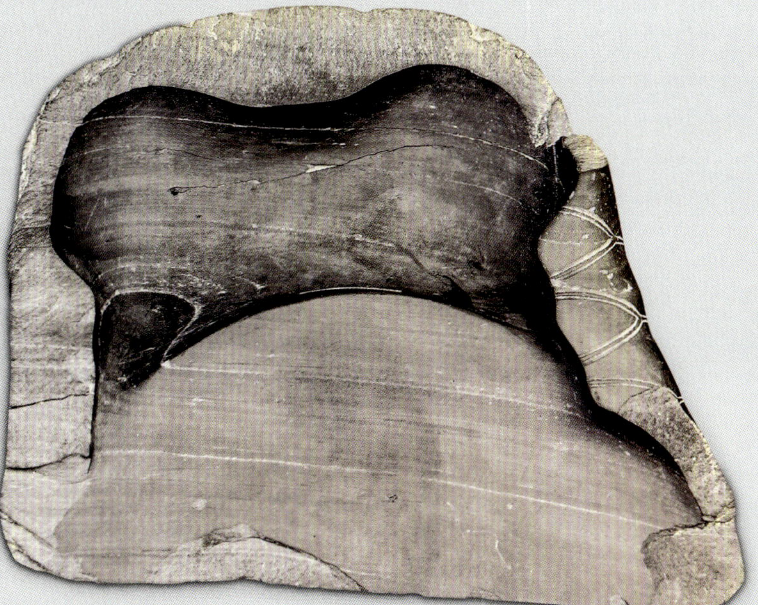

砚台

明

残长17.5、残宽17.4、高3.5厘米

2012年遵义汇川区海龙囤遗址新王宫出土（编号F8③：1），现藏于海龙囤考古工作站。

圆角箕形，砚额、砚边、砚尾破损较为严重。砚堂残存局部，砚岗近半圆形微凸，砚池较深。砚边部分可见饰荷叶纹。

宋至清时期

民族墓葬银饰及其他

蜡染百褶裙

宋

裙腰长31厘米，裙身长62.5、通宽512厘米

1987年平坝棺材洞出土，现藏于贵州省博物馆。

裙腰麻质，裙身棉质。蜡染上衣，斜襟短款，右衽。纹样以铜鼓上的翔鹭纹为主，尾羽长，昂首展翅，体态生动，线条流畅。敷彩以黄色为基调，且有深浅。工艺特点以蜡染为主，且将挑花、刺绣、蜡染三种技艺协调整合，是目前省内出土的蜡染佳作。

银扣

明

最长5.5、最宽2.7、厚0.3厘米

2011年毕节纳雍大坟山出土（编号M44：9），现藏于贵州省文物考古研究所。

扣两边对称作蝴蝶状，每只蝴蝶翅膀上都有两个穿孔，扣圈为圆形，内套一圆形银扣，錾刻成一朵双层葵花。

银插针

明

最大径6.6、高3.8厘米

2011年毕节纳雍大坟山出土（编号M49：5），现藏于贵州省文物考古研究所。

顶部为一圆形旋涡纹，由内向外以大小不等连珠纹构成四组弧形图案。

银插针

清

最大径7.3、高3厘米

2011年毕节纳雍大坟山出土（编号M6：7），现藏于贵州省文物考古研究所。

顶部为一圆形旋涡纹，由内向外以大小不等连珠纹构成四组弧形图案。

银耳环

明

环身最大径0.3、最长5.1（不含银链）、最宽2.3厘米，链长21.18、最宽0.4厘米

2011年毕节纳雍大坟山出土（编号M44：7），现藏于贵州省文物考古研究所。

钉头为钉螺形，最大径1.1厘米。环身为钩形，尖略向外翻转呈环状，挂银链一条。

银抹额

明

银片长7、宽2.2、厚0.2厘米

2011年毕节纳雍大坟山出土（编号M44：3），现藏于贵州省文物考古研究所。

以小连珠纹构成长方形外框及六个菱形图案，中间以大连珠纹组成菱形纹饰。中部缀三角形银牌，银牌三角形外框内饰三朵五瓣花，底部五孔各缀一枚悬铃。银片两侧各缀五枚悬铃。

银抹额

明

银片上底长4、下底长6.1、高7.5、厚0.1厘米

2011年毕节纳雍大坟山出土（编号M49：6），现藏于贵州省文物考古研究所。

梯形银片，以大小连珠纹构成梯形外框，框内分布层数不等的小连珠纹斜向构成交错几何纹，中间空白处填以圆点。底缀六个悬铃。

银抹额

明

长11.3、宽3.1、厚0.2厘米

2011年毕节纳雍大坟山出土（编号M45：2），现藏于贵州省文物考古研究所。

以大小连珠纹构成长方形外框中间以大小连珠纹分成上下两部分，上下两部分饰以五层小联珠纹组成的三角形图案，内外框线之间的空白处饰大圆点。

银抹额

明

长11.4、宽4、厚0.1厘米

2011年毕节纳雍大坟山出土（编号M49：4），现藏于贵州省文物考古研究所。

以大小连珠纹构成长方形外框及四个半菱形框，框内饰一朵六瓣花，右侧半个菱形未饰，菱形框同外框之间空白处饰三瓣花。

银抹额

清

银片长11.8、宽2.6、厚0.15厘米

2011年毕节纳雍大坟山出土（编号M20：5），现藏于贵州省文物考古研究所。

以小连珠纹构成长方形外框及云朵纹，云朵纹和外框之间为三朵五瓣花和枝叶、果实。中部缀三角形银牌，银牌三角形外框内饰十瓣花和枝叶，底部五孔各缀一枚悬铃。银片底部两侧也各缀四枚悬铃。

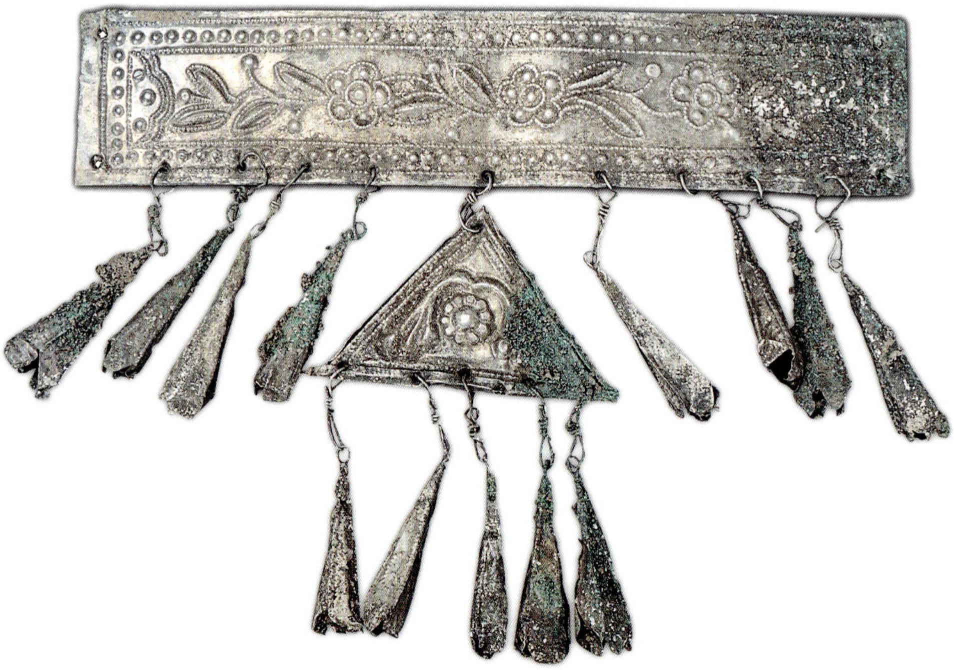

银抹额

清

银片长13、宽1.8、厚0.15厘米

2011年毕节纳雍大坟山出土（编号M6：3），现藏于贵州省文物考古研究所。

以小连珠纹构成长方形外框及四个菱形图案，内饰一朵四瓣花。中部缀三角形银牌，银牌以小连珠纹构成外框，内饰一朵五瓣花，底部五孔各缀一枚悬铃。银片底部两侧也各缀两枚悬铃。

银抹额

清

银片长9.1、宽9、厚0.1厘米

2011年毕节纳雍大坟山出土（编号M25：4），现藏于贵州省文物考古研究所。

如意头形，以大小连珠纹构成一兽面图案外框及眼睛，长形外框可分成三个部分，其内各饰几何符号。圆形外框中则以三瓣花为中心，周围饰枝叶。圆弧处缀十枚悬铃。

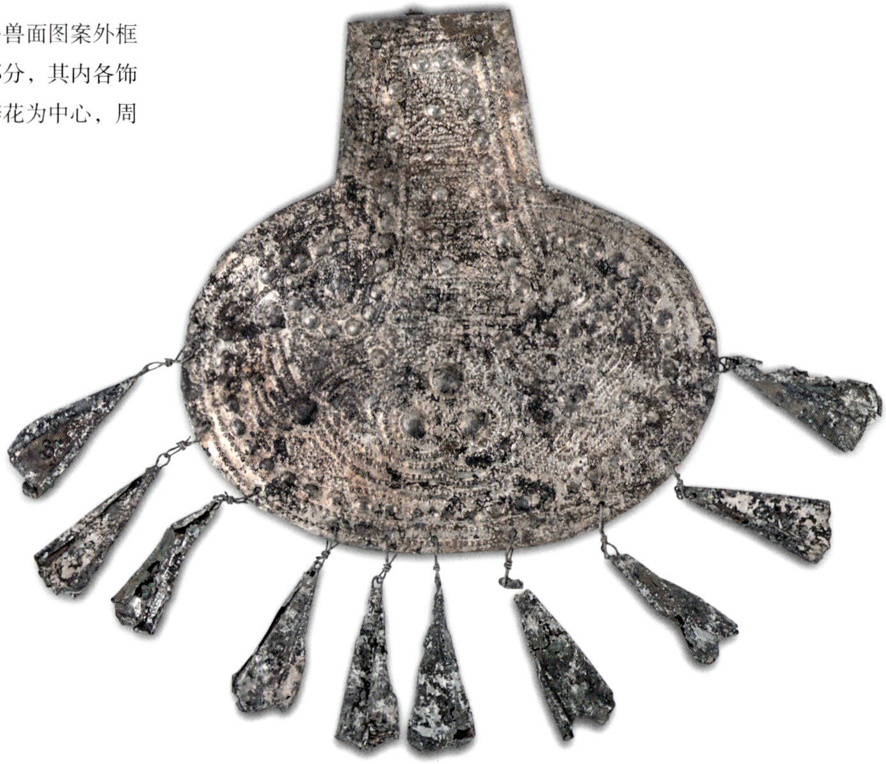

银抹额

清

2011年毕节纳雍大坟山出土（编号M43：5），现藏于贵州省文物考古研究所。

如意头形，以大小连珠纹分成长方形和圆弧形两部分，长方形框最上为两朵八瓣花，下方饰一动物形象。圆弧形两侧各饰一只鸡，两鸡之间有一只蜘蛛，花朵枝叶间杂其间。

银抹额

清

长11.8、宽3.5、厚0.15厘米

2011年毕节纳雍大坟山出土（编号M6：4），现藏于贵州省文物考古研究所。

以大小连珠纹构成长方形外框，其内以四层小连珠纹构成波浪形纹饰，空白处装饰四瓣花。

银衣片

清

长12.1、宽3.7、厚0.15厘米

2011年毕节纳雍大坟山出土（编号M43：6），现藏于贵州省文物考古研究所。

以大小连珠纹构成长方形外框及四个小框，内饰小连珠纹组成四个半圆形图案，中心饰一朵六瓣花，半圆形框内饰三瓣花，边角处饰一大圆点。

银衣片

清

残长6.5、宽5.5、厚0.2厘米

2011年毕节纳雍大坟山出土（编号M6：9），

现藏于贵州省文物考古研究所。

如意头形，顶部残缺，以大小连珠纹构成圆弧形外框，其内不规则分布八朵七瓣花，以小连珠纹组成枝叶、果实，下侧缀八枚悬铃。

银衣片

清

上底长3.75、下底长5.2、高6.3、厚0.1厘米

2011年毕节纳雍大坟山出土（编号M43：7），

现藏于贵州省文物考古研究所。

梯形，以大小连珠纹构成梯形外框，再以大小连珠纹分成上、中、下三部分，上框分左右两部分，以四至八层小连珠纹斜向构成交错几何纹，中、下两框则各饰六个大连珠纹。

后　记

2021 年是中国共产党成立 100 周年，也是中国考古学诞生 100 周年，为向两个 100 周年献礼，我们策划编辑出版了这本《贵州考古出土文物精粹》。

贵州文物考古工作起步晚，底子薄，但经过近 70 年数代考古工作者不断努力，也积累起相对丰富的考古出土文物资料，这些出土文物在一定程度上延伸了贵州历史轴线，增强了贵州历史信度，丰富了贵州历史内涵，活化了贵州历史场景，是以实物遗存为载体反映贵州考古成果，叙述贵州丰富多彩的民族历史的基础资料，是以物见史的体现。

本书在体例上以时代演进为序，按旧石器时代、新石器时代、商周时期、战国至西汉前期、西汉前期至东汉、两晋南朝至隋唐时期、宋元明清时期几个单元进行资料收集和编排，之所以这样安排，是因为一方面贵州境内的考古遗存和出土文物在旧石器时代、东周秦汉时期和宋元明清时期比较丰富，但随着西部大开发配合国家大型基本建设工程考古工作的展开，在新石器时代至商周、两晋南朝至隋唐时期考古也取得一些重要成果，尽管这些成果还比较薄弱和零碎，但至少已能将贵州历史发展的脉络厘清；另一方面以西汉前期为界将东周秦汉时期分为东周至西汉前期和西汉前期至东汉时期两段是考虑到贵州这段历史和出土文物的特性，东周至西汉前期，贵州大地上活跃着以“夜郎”为代表的西南夷土著族群，他们创造出既有一定地域特征但又广泛吸收周边族群文化特征的青铜器、陶器、玉石器、骨器等，而从西汉中期开始，随着汉中央王朝掀起的开发西南夷大潮，汉移民大量涌入贵州，原本极具地域特征的器物群逐渐消失，代之而起的是体现大一统汉文化特征的青铜器、陶瓷器、玉石器和金银器等，这是贵州历史由多元向一体迈进的重要时期。

用文物体现贵州考古成果，展现悠久的贵州历史，我们要求选择的文物要以考古发掘出土为主，极少量零星出土文物，其出土信息也尽量准确，在文物资料要素构成上，要有出土年代、出土地点和单位编号、形制特征和尺寸等，但有少量文物标本，因年代久远或记录不全或其他各种原因，信息没能完整体现，这是要特别指出的。

编写工作是在所党支部、所领导班子的关心与支持下进行的，具体统筹和组稿工作由张合荣负责，旧石器时代部分由张兴龙负责，新石器时代至商周部分由吴小华负责，东周至西汉前期部分先由杨洪负责，在编纂后期因杨洪被选派担任驻村干部，由张合荣接着完成，西汉前期至东汉部分由史忞负责，两晋南朝至隋唐部分由赵小帆负责，宋元明清部分由彭万和胡昌国共同负责完成。由于系第一次用出土文物标本编写反映贵州考古成果和历史发展脉络的大型图册，我们尽管想做到最好，但由于时间仓促和编写者水平不高等原因，存在的问题还很多，希望今后有机会不断改进。

作为共同编纂成果，本书编写得到贵州省博物馆领导的大力支持，李飞馆长亲自安排蔡思夫、袁炜等业务人员参与编写书稿，并承担提供文物照片等工作，为本图册得以按时完成提供了保证！

编写工作除得到所内专业人员的支持外，还得到中国科学院古脊椎动物与古人类研究所胡月、刑松，毕节市文物局郑远文，黔西南布依族苗族自治州博物馆龙虎等的大力支持，对他们表示衷心感谢！

贵州省文化和旅游厅文物保护与考古处、法规处和计财处等相关职能部门领导对本书的编辑出版给予大力支持，在此深致谢意！

科学出版社编辑柴丽丽对本图录文物标本的照片、文字描述及版式设计等均进行了认真的审校，最大限度地减少了漏误，使之得以精美呈献，这也是要特别提出并致谢忱的！

编　者

2021 年 11 月 3 日